STRATÉGIQUE ÉTAT D'ESPRIT

UN PLAN DE 7 JOURS POUR IDENTIFIER QUOI IMPORTE ET CRÉER UN STRATÉGIEQUE TRAVAUX

Evelyn Shore

CONTENU

OMS est ce livre pour?
Ton Gratuit Étape par étape Cahier d'exercicesTon Productivité Série
Introduction
Quoi est Stratégique Productivité

I. Planification Efficacement
    Jour 1—Planification ton année
    Jour 2—Faire le dominos automne
    Jour 3—planification ton 90 jours

II. Efficacité contre. Efficacité
    Jour 4—Être stratégique pendant ton jour

III. Pensée Intelligent
    Jour 5—Demander toi-même intelligent des questions

IV. Apprentissage Efficacement
    Jour 6—Application quoi toi apprendre avec maximum efficacité

V. Gérer Ton Énergie
    Jour 7—Gestion ton énergie Bien
    Conclusion

Aperçu - Fais de la pamine Détox
Fais de la pamine et le Rôle il Pièces

QUI EST CE LIVRE POUR?

Continuez-vous à vous bousculer sans avoir beaucoup de résultats à montrer ? Est-ce que tu Vous vous sentez dépassé et incapable de trouver la tâche la plus efficace sur laquelle vous concentrer ? Croyez-vous au mythe selon lequel vous devez travailler plus dur pour réussir ?

En vérité, faire plus n'est souvent pas la solution. La productivité ne sert à rien sans un très efficace stratégie. Ce est pourquoi toi doit devenir obsédé par la pensée stratégique. Tout comme il faut réfléchir à plusieurs avance pour gagner une partie d'échecs, vous devez vous entraîner à réfléchir pendant des mois, des années, voire des décennies, pour gagner au jeu de la productivité. Avec le une réflexion stratégique correcte, vous pouvez gagner des années et réaliser bien d'autres objectifs. vos objectifs que ce ne serait le cas autrement.

Autrement dit, vous devez développer ce que j'appelle la « productivité stratégique ». Chaque mouvement que vous faites doit avoir un impact. Et tu dois être constamment allumé le attention pour le un se déplacer que pourrait dépasser ton succès etaméliorer massivement votre vie.

Alors, souhaitez-vous en savoir plus sur la productivité stratégique ? Ce Le livre *Strategic Mindset* est fait pour vous si vous :

- Continuez à vous bousculer sans obtenir les résultats souhaités,
- Sentez-vous dépassé, ne sachant pas sur quoi vous concentrer pour atteindre votre objectif.objectifs,

- Manque de clarté concernant vos objectifs, ou
- Continuez à étudier davantage, mais ne parvenez pas à prendre suffisamment de mesures concrètes.

Si n'importe lequel de le au-dessus de semble familier et toi vouloir à apprendre comment à devenirun producteur stratégique, continuez à lire.

Ton Gratuit Étape par étapeCahier d'exercices

Pour vous aider à développer une stratégie très efficace pour atteindre vos objectifs, j'ai a créé un classeur pour accompagner ce livre. Assurez-vous de téléchargez-le à l'URL suivante :

https://whatispersonaldevelopment.org/strategic-mindset

Si vous rencontrez des difficultés pour télécharger le classeur,

contactez-moi à :thibaut.meurisse@gmail.com

et je vous l'enverrai dès que possible.

Alternativement, toi peut aussi utiliser le classeur disponible à le fin de celivre

Booster ton productivité maintenant avec Le Productivité Série

Ce livre est le deuxième livre dans le **"Productivité Série"**. Toi peutDécouvrez les autres livres de la série en cliquant sur le lien ci-dessous :

Cliquez ici pour découvrir la série Productivité y

INTRODUCTION

Dans aujourd'hui société, tout le monde est obsédé avec faire plus. Être occupé a devenir un insigne d'honneur. Nous voulons montrer aux gens autour de nous comment productif nous sont. Nous vouloir notre voisins à voir comment beaucoup plus occupé nous sont que tout le monde.

Cependant, beaucoup de nous mal comprendre productivité. Alors que nous peut êtreoccupés en surface, nous accomplissons souvent très peu de choses. Ajouter plus de choses à notre sans fin faire liste n'a pas nécessairement faire nous plus productif. Dans certains cas, cela a l'effet inverse. Utiliser la dernière productivité application n'a pas aide beaucoup soit. Alors que technologies tel comme Internet est une merveilleuse source d'informations ou un moyen d'apprendre de nouvelles compétences, à être efficace, ils doivent être utilisé tactiquement.

Des gens comme Benjamin Franklin ou Léonard de Vinci n'avaient pas toutes les outils de productivité dont nous disposons aujourd'hui, mais ils étaient bien plus productifs que la plupart des gens aujourd'hui. Qu'est-ce que cela dit sur la productivité telle que nous la voyons ces jours?

Dans ce livre, Bien définir productivité et voir comment toi peut atteindre plus en moins de temps. L'objectif est de faire de vous un producteur stratégique en seulement sept jours. Pour vous aider à atteindre cet objectif, il vous sera demandé chaque jour de répondre aux questions et réaliser des exercices simples.

Plus spécifiquement, dans *Stratégique État d'esprit*, tu vas découvrir comment à:

- Utilisez le pouvoir de la réflexion à long terme pour réaliser plus que vouspeux imaginer,
- Apprendre le droite compétences et développer ton talents le
- correct chemin,Plan votre année pour une efficacité maximale,
- Arrêt être efficace et devenir efficace plutôt (et pourquoi il importe),
- Réfléchissez intelligemment pour que chaque action que
- vous entreprenez ait un impact, etTrouvez la bonne information et apprenez plus vite et mieux que tout le monde autour de vous.

Si l'un des éléments ci-dessus suscite votre intérêt, continuez à lire.

QUOI EST STRATÉGIQUE PRODUCTIVITÉ

Tout au long de ce livre, j'utiliserai les termes « productivité stratégique » et "stratégique producteur". Avant nous commencer, allons définir eux brièvement.

Stratégique productivité moyens en utilisant ton temps dans un chemin que permet toipour obtenir un maximum de résultats avec un minimum d'effort. Cela signifie s'assurer que peu importe tu es fonctionnement sur à n'importe lequel indiquer dans temps est connecté àvotre vision globale. Il n'y a rien de plus inutile que de perdre du temps sur un tâche que n'a pas besoin à être fait dans le d'abord lieu. Comme tel, à pour devenir un producteur stratégique vous devez (entre autres) :

- Développer de la clarté concernant votre vision à long terme,
- Identifiez la meilleure stratégie pour atteindre vos objectifs le plus rapidement possibleefficacement que possible,
- Développer la capacité à se poser les bonnes questions,
- Cultivez la capacité de vous concentrer et évitez de passer d'une chose à l'autre.le suivant, et
- Apprendre à approcher n'importe quel tâche le la plupart moyen efficace possible.

Dans ce livre, nous aborderons les points suivants :

Dans **la partie I. Planifier efficacement**, nous verrons comment planifier efficacement et comment à identifier le clé tâches toi doit se concentrer sur à booster ton productivité. Sur **Jour 1**, tu vas apprendre à plan ton année pour maximum efficacité. Le **deuxième jour**, vous travaillerez à identifier vos actions les plus marquantes. actes. Et le **troisième jour**, vous étofferez vos 90 prochains jours.

Dans **la deuxième partie. Efficacité vs Efficience**, nous découvrirons comment devenir vraiment efficace chaque jour. Vous allez être introduit à un puissant 7 étapes Processus qui garantira que vous abordez chaque tâche de la bonne manière et atteindre des résultats tangibles (**Jour 4**).

Dans **la troisième partie. En pensant intelligemment**, vous apprendrez à améliorer votre réflexion pour améliorer votre concentration et tirer le meilleur parti de chaque action que vous entreprenez. Comme vous vous entraînez à penser de manière plus stratégique, vous améliorerez votre performance globale résultats de manière significative (**jour 5**).

Dans **la quatrième partie. Learning Effectivement**, vous découvrirez comment trouver le bon informations et les absorber aussi rapidement et efficacement que possible. Vous allez aussi découvrir les erreurs d'apprentissage courantes et comment les éviter (**Jour 6**).

Enfin, dans **la partie V. Gérer votre énergie**, nous verrons comment faire tirer le meilleur parti de l'énergie dont vous disposez chaque jour. Nous verrons comment exploitez votre pic d'énergie pour en faire plus et comment segmenter votre journée pour résultats optimaux (**Jour 7**).

Es-tu prêt?

PARTIE je

PLANIFICATION EFFICACEMENT

Vous ne pouvez pas atteindre un objectif que vous ne vous êtes pas fixé. La productivité stratégique est impossiblesans un certain niveau de clarté concernant vos besoins et vos objectifs, et sans un plan à atteindre eux. Encore comment beaucoup personnes manque un clair vision? Combien de personnes oublient ce qu'elles essayent réellement d'accomplir, se bousculer tous les jours sans remettre en question le chemin qu'ils parcourent ?

Le consultant en gestion, Peter Drucker, a dit un jour que l'efficacité est faire les choses correctement tandis que l'efficacité consiste à faire les bonnes choses. Il y a ça ne sert à rien de bien faire les choses si ces choses ne vous rapprochent pas de votre objectifs.

Dans ce section, étaient en allant à discuter le importance de planification stratégiquement à assurer que toi travail sur le droite des choses chaque jour. Stratégique productivité est pas à propos faire *plus* , c'est à propos faire moins deles choses qui apportent peu de résultats.

Notez que, dans ce livre, nous nous concentrerons principalement sur un objectif majeur. Une fois que vous comprendre le processus, vous pourrez appliquer la même méthode pour tout autre objectif futur.

1. Le pouvoir de la réflexion à long terme

Votre capacité à penser à long terme est l'un des meilleurs indicateurs de réussite. Pourquoi? Parce que se fixer des objectifs à long terme, c'est dire non à un monde infini nombre de possibilités. En supprimant des options, vous pouvez diriger tous vos énergie pour atteindre vos objectifs. Une fois que tu sais où tu veux aller allez, vous pouvez effectuer une rétro-ingénierie des étapes que vous devez suivre pour atteindre votre destination. Comme un résultat, chaque action toi prendre volonté devenir plus percutant.

Quand toi jouer échecs, ton but est à gagner. À faire donc, toi avoir à anticiper ton l'adversaire bouge. Stratégique productivité est un similaire processus. Toi anticiper potentiel barrages routiers et identifier clé bouge. Toi efforcez-vous de rendre chaque action efficace. Tout ce que vous faites est lié au avenir toi vouloir à créer. Comme tel, il est Non surprendre que personnes OMS passer du temps chaque jour à penser à où ils veulent être dans cinq ans obtenir de meilleurs résultats que ceux qui ne le font pas.

Et toi? Pensez-vous de manière stratégique ou montrez-vous simplement chaque jour sans stratégie claire ni plan d'action à suivre ?

2. Le pouvoir de la composition

Un autre avantage de la productivité stratégique est qu'elle libère le pouvoir des composition. Lorsque vous continuez à progresser vers vos objectifs chacun jour, toi construire élan. Toi accumuler petit gagne, lequel booster votre confiance et augmentez votre motivation. Chaque nouveau jour s'appuie sur le précédent. Même si les résultats ne sont pas visibles au début, bientôt assez toi volonté atteindre un pourboire indiquer. Des choses commencer à accélérer, et votre succès devient exponentiel.

Dans son livre *Atomic Habits*, James Clear écrit que si vous n'en obtenez qu'un pour cent mieux chaque jour, sur un an tu seras trente-sept fois plus efficace.

Bien sûr, ce n'est que théorique, mais je suis sûr que vous comprenez.

Le bas doubler est, à construire élan et activer le pouvoir de composition, vous devez vous concentrer sur très peu de choses de manière cohérente au cours d'uneune période de temps suffisamment longue.

3. Le pouvoir de la concentration

Comme Bruce Lee l'aurait déclaré : « *Je n'ai pas peur de l'homme qui a pratiqué 10 000 coups de pied une fois, mais je peur le homme OMS a exercé un coup 10 000 fois. »*

Lorsque vous travaillez chaque jour vers vos objectifs les plus importants, vous activez le pouvoir de la concentration. Et avec suffisamment de concentration, vous pouvez réaliser presque rien toi désir. Comme je a écrit dans *Maîtrisez votre Se concentrer* :

« La concentration agit comme une hache. Si vous essayez d'abattre un arbre en le frappant des milliers de spots différents, vous n'y arriverez jamais. Mais quand tu te concentres et frappez le même endroit encore et encore, vous pouvez abattre même le plus gros arbre. Avec netteté au laser se concentrer toi peut atteindre presque rien toi désir. »

Le d'abord scénario est quoi la plupart personnes faire. Ils essayer à est tombé un arbre par frapper un endroit différent à chaque fois. Il n'est donc pas étonnant que ces gens ne parviennent pas à atteindre leurs objectifs. Par exemple, quelqu'un qui apprend le karaté s'améliorent plus rapidement s'ils s'entraînent tous les jours. Cependant, si leur formation est erratique ou si ils essayer à apprendre taé kwon faire, ju-jitsu et aïkido simultanément, leur progression sera sévèrement limitée. En tant que jeune, Michel Jordanie aimé les deux basket-ball et base-ball mais, finalement, il j'ai dû choisir un sport. S'il avait choisi les deux, il n'aurait probablement jamais avoir devenir un basket de renommée mondiale superstar.

Cette métaphore s'applique à beaucoup de choses que nous faisons tout au long de notre vie. Quand tu poursuis deux lapins, tu finis par n'en attraper aucun, ou un oiseau dans la main ça vaut vraiment deux dans la brousse.

En bref, la productivité stratégique consiste à frapper un arbre au même endroit jusqu'à ce qu'il tombe. Cela nécessite que vous :

1. Concentrez-vous sur seulement quelques objectifs à la fois,
2. Mettre en œuvre une stratégie solide pour les atteindre, et
3. Progressez chaque jour vers ces objectifs en agissant dans doubler avec votre stratégie.

JOUR 1—PLANIFICATION TON ANNÉE

> La plupart personnes dépenser plus temps planification un une semaine vacances queils passent à planifier leur vie.
>
> — MICHAEL HYATT, AUTEUR ET CONFÉRENCIER.

Aujourd'hui, nous allons travailler sur la planification de votre année. Cela vous aidera Libérez le pouvoir de la productivité stratégique. Alors, que voudriez-vous accomplir au cours des douze prochains mois ? Qu'est-ce qui vous passionne vraiment ? Quoi serait faire un énorme différence dans ton professionnel ou personnelvie?

Comme nous l'avons déjà mentionné, plus vous avez de clarté, mieux c'est. À plan ton année, commencer par idées de brainstorming en utilisant le question ci-dessous:

Qu'est-ce qui rendrait les douze prochains mois vraiment précieux ?

Passez cinq à dix minutes à écrire les réponses à cette question.

Ensuite, pour vous aider davantage, visualisez-vous exactement douze mois après aujourd'hui. Maintenant, écrivez ce que vous auriez accompli en remplissantl'invite ci-dessous à l'aide de votre guide d'action :

Les douze derniers mois ont été vraiment incroyables parce que…

Enfin, dépenser un moment visualisation ton réalisation, alors que éprouver un profond sentiment de satisfaction à y parvenir.

Maintenant que vous avez écrit certaines des choses que vous aimeriez réaliser, sélectionnez-en un seul. Cela vous permettra de développer plus facilement productivité stratégique. Pour vous aider à identifier la seule chose que vous aimeriez concentrez-vous sur, répondez aux questions suivantes :

- Si je peut atteindre un chose ce année, lequel un serait faire moi le plus fier ?
- Si je peut atteindre un chose ce année, lequel un serait faire lele plus grand une différence positive dans ma vie ?
- Qu'est-ce que c'est le un chose j'ai toujours recherché à faire
- (mais pas) ?Quoi est-ce que je vraiment, vraiment veux-tu dans la vie ?
- Qu'est-ce que c'est le un chose que fait peur moi le la plupart? (Le chose quevous fait peur est souvent la chose que vous devez faire le plus.)

Si toi besoin plus aide raffinage ton vision, référer à le précédent livre dansce série, tome 3, *Mise au point puissante* .

***

Étape d'action

À l'aide de votre guide d'action, planifiez les douze prochains mois.

JOUR 2—FAIRE LE DOMINOS AUTOMNE

Toi besoin à être faire moins des choses pour plus effet plutôt defaire plus de choses avec des effets secondaires.

— GARY KELLER, AUTEUR DE *LE UN CHOSE* .

En vérité, il existe un nombre presque infini d'actions que vous pouvez entreprendre pour Déplacez-vous du point A, où vous êtes actuellement, au point B, où vous voulez être. Votre tâche ici est d'affiner ces options et d'identifier les actions avec le plus grand effet de levier possible. N'oubliez pas que vous devez frapper ton grand arbre au même endroit avec ta hache à chaque fois avant d'être capable de crier « Bois ! ». Ce sera la meilleure utilisation de votre temps et énergie.

Maintenant, regardez l'objectif principal que vous avez identifié le premier jour. Quels dominos faut-il tomber amoureux de toi pour atteindre cet objectif ? Quelles actions percutantes déplaceront le aiguille le la plupart efficacement? Remue-méninges des idées, en utilisant ton action guide. Une stratégie judicieuse vous fera gagner beaucoup de temps, parfois années. A l'inverse, une mauvaise stratégie vous amènera à perdre votre temps et énergie, et réduire le chances d'atteindre ton but.

Gardez à l'esprit que bien souvent, les premières idées qui vous viennent ne sont pas toujours les meilleurs. Mais quand tu prendras le temps d'y réfléchir, tu probable produire super réponses. Le succès expert, Brian

Tracy,

recommande écrire au moins vingt actions que nous pouvons entreprendre pour atteindre notre but. Il suggère également que cette dernière idée est souvent la plus efficace. Plus tard dans ce livre, nous verrons plus en profondeur comment trouver les bons dominos. Donc, si tu es je ne suis pas encore sûr, Ne vous inquiétez pas.

Alors, quels sont les dominos qui vous conviennent ?

Voici quelques caractéristiques des bons dominos :

1. Ils vous aident à **créer une dynamique** et à activer le pouvoir dela composition,
2. Ils impliquent un **changement de paradigme** qui change votre réalitéimmédiatement et améliore vos résultats,
3. Ils permettre toi à faire **significatif progrès** vers ton objectifs, et/ou
4. Ils **réduisent considérablement vos options**, éliminant la plupart desles actions non pertinentes que vous pourriez entreprendre pour atteindre votre objectif.

1. Ils vous aident à créer une dynamique

Le bon domino vous permet de générer de l'élan et de rester motivéafin que vous puissiez avancer vers votre objectif de manière cohérente. En d'autres termes, le le bon domino peut être appelé une « habitude quotidienne ».

Par exemple, disons que votre objectif est d'apprendre à jouer du piano. Alors, votre domino pourrait être de réserver du temps chaque jour pour vous entraîner. Si tu pratique tous les jours, progrès sur le temps est inévitable.

Ou disons que votre objectif est d'apprendre l'espagnol. Ensuite, votre domino pourrait être de pratique pour trente minutes chaque jour, en utilisant un application comme Duolingo.

Et toi? Quels dominos pourraient vous aider à atteindre votre objectif ? Si tu devions mettre en œuvre une nouvelle habitude quotidienne, laquelle améliorerait le plus votre chance d'atteindre votre objectif ? Et comment tu sais ça ?

2. Ils impliquent un changement de paradigme

Parfois, le la plupart efficace chemin à atteindre ton but est à adopter un nouveau paradigme. Après tout, si vous utilisiez déjà le bon paradigme, toi serait avoir atteint votre objectif déjà, ne le ferais-je pas toi ?

Maintenant, quoi est un paradigme? Dans court, un paradigme est un modèle de réalitébasé sur un ensemble de hypothèses ou hypothèses. Le plus précis ton sont les paradigmes, plus vos actions seront efficaces et mieux ce sera résultats que vous obtiendrez. Un changement de paradigme peut être défini comme un changement de perception. Un changement de paradigme se produit lorsque vous vous posez des questions différentes questions, obtenez de nouvelles informations et changez votre comportement en conséquence. UN le nouveau paradigme exige souvent que vous preniez du recul et que vous regardiez le image globale. Cela vous oblige à remettre en question certains de vos plus profonds hypothèses enracinées.

Nous peut somme il en haut comme suit :

Réflexion précise —> actions efficaces —> résultats

tangibles.Inversement:

Inexacte pensée -> inefficace actes -> médiocre/incohérentrésultats.

Par exemple, un écrivain en herbe peut passer la plupart de son temps à envoyer lettres de requête aux éditeurs. L'hypothèse est qu'ils doivent trouver un éditeur. Cependant, en prenant du recul, ils se rendront peut-être compte qu'il existe une une autre option : ils peuvent auto-éditer leurs livres. Soudain, il n'y a plus il n'est plus nécessaire d'envoyer des lettres de requête. Il n'est pas nécessaire d'attendre des mois ou ans pour publier leurs livres non plus. Au lieu de cela, ils peuvent publier leurs livres comme bientôt comme ils sont prêt. Bien que auto-édition peut pas être pourtout le monde, cela peut certainement accélérer les choses. Dans ce cas, travailler vers devenir un auteur indépendant et auto-édité est un changement de paradigme.

Voici un autre exemple. Vous avez peut-être construit votre identité autour du concept de dur travail (bousculer). Alors que là est rien faux avec fonctionnement dur, toi peut apprendre que bousculade est pas le la plupart efficace chemin pour atteindre vos objectifs. Dans de nombreux cas, vous obtiendrez de meilleurs résultats en se concentrer sur les tâches clés, tout en éliminant les tâches non critiques.

Maintenant, révisez votre objectif et essayez de créer un changement de paradigme en changeant lefaçon dont vous le percevez. Utilisez certaines des questions suivantes pour vous guider :

- Qu'est-ce que c'est le le plus rapide chemin à atteindre mon but?
- Si j'étais paresseux et que je voulais faire le moins de travail possible, qu'est-ce queserait je fais pour atteindre mon objectif rapidement et efficacement ?
- Que feraient Albert Einstein, Bill Gates ou Elon Musk pour

atteindre le même objectif ?

- Et si cet objectif ne me convient pas ? Et s'il y avait un objectif qui répond mieux à mes besoins et qui est plus étroitement aligné avecmes valeurs ?
- Puis-je recadrer mon objectif ? Si oui, comment ?

3. Ils permettre toi à faire significatif progrès vers ton but

En faisant tomber les bons dominos, vous pouvez atteindre vos objectifs plus rapide. Dans certains cas, renverser le bon domino peut être cent fois supérieur. plus efficace que tout ce que vous pourriez faire à la place. Ainsi, vous il faut continuer à rechercher des actions ou des stratégies spécifiques qui pourraient se multipliervotre progression.

Comme l'écrit Garry Keller dans *The One Thing* : « *En 2001, j'ai convoqué une réunion de notre équipe de direction clé. Malgré notre croissance rapide, nous n'étions toujours pas reconnu par les plus hauts responsables de notre industrie. J'ai défié notre groupe pour réfléchir à cent façons de redresser la situation. Il il nous a fallu toute la journée pour dresser la liste. Le lendemain matin, nous avons rétréci la liste ne comptait plus que dix idées, et à partir de là, nous avons choisi une seule grande idée. Le un que nous décidé sur était que nous serait écrire un livre sur comment àdevenez un acteur d'élite dans notre industrie. Cela a fonctionné. Huit ans plus tard, qu'un livre était non seulement devenu un best-seller national, mais qu'il était également transformé dans un série de livres avec total ventes de sur un million copies. Dans une industrie qui compte environ un million de personnes, une chose a changé notre image pour toujours.* »

Pour moi, en tant qu'écrivain, le bon domino était simplement d'écrire plus de livres dans le même créneau et de manière cohérente. Pour Hal Elrod, auteur de *Le Matin Miracle*, son domino était à donner un couple de cent interviews en podcast dans les douze mois suivant la sortie de son livre.

De cours, dans pratique, nous rarement - si jamais - faire juste un chose, mais là est souvent un spécifique stratégie que, quand exécuté correctement, volonté augmenter considérablement nos résultats. Votre travail consiste à découvrir le parfait stratégie pour vous.

Même quand nous agitation notre chemin à succès, il est presque toujours le cas que seule une minorité de nos actions aboutit à des résultats tangibles. Nous avons simplement n'a pas pris le temps d'identifier quelles étaient ces actions spécifiques réussies étaient. Regardez une réalisation que vous avez accomplie dans le passé. Peut-être, tu as complété un majeur projet. Peut-être, toi atteint un majeur personnel but ou maîtrisé un nouveau compétence. Maintenant, a fait toi complet que projet, atteindre cet objectif ou maîtriser cette compétence *parce que* vous avez travaillé si dur, ou *malgré* ça ? Si tu devais tout recommencer, que ferais-tu différemment? Que feriez-vous pour arrêter de faire ? Que ferais-tu de plus de?

Soyons réalistes cependant. Dans la plupart des cas, nous devons expérimenter différentes approches avant de pouvoir trouver celle qui nous convient. Cependant, vous devez vous rappeler que vous faites presque toujours trop de séparations des choses. Je n'ai pas encore rencontré quelqu'un de *trop* concentré, mais j'en ai rencontré beaucoup qui sont flous.

Et toi? Quel domino doit tomber pour que vous atteigniez votre majeure but?

4. Ils dramatiquement réduire ton choix

Une bonne stratégie ne consiste pas seulement à savoir quoi faire, elle concerne aussi, et peut-être surtout, et surtout, sur ce qu'il *ne faut pas* faire. Si tu essaies de tout faire, ça veut dire vous n'avez pas de stratégie claire. Cela signifie que vous ne réfléchissez pas assez. N'importe qui peut se bousculer, mais tout le monde ne peut pas réfléchir suffisamment pour arriver à ses fins. sûr qu'ils s'attaquent aux bonnes tâches. Ou, comme j'aime le dire : « L'activité est paresse en pensant » (même si je suis presque sûr de l'avoir lu quelque part).

Le point est le suivant. Une bonne stratégie doit restreindre vos options. Cela permettra vous de développer une concentration précise et de vous assurer que vos actions sont véritablement percutant.

Rétrécissement vers le bas avant expansion

Il est intéressant de noter que la plupart des plus grandes entreprises du monde ont démarré avec un approche étroite. Par exemple:

- Amazon a commencé par vendre des livres en ligne et s'est développé pour devenirle du monde le plus grand en ligne détaillant. Amazone maintenant offres nuage services (AWS) à nombreux entreprises et génère milliards dedollars chaque année avec sa plateforme publicitaire.
- Google s'est efforcé de créer le meilleur moteur de recherche possible auparavant en allant dans vidéo contenu (YouTube), annonces (Google/YouTube annonces),la robotique, les voitures autonomes et bien plus encore.
- Apple a commencé avec l'ordinateur personnel avant de réussir

s'aventurer dans audio joueurs (iPod), téléphones intelligents (iPhone), comprimés

(iPad), services TV (iTV), etc.
- Vierge commencé par vente les enregistrements, mais c'est fondateur, RichardBranson gère désormais plus de 400 entreprises.

Plus intéressant encore, même si Amazon a commencé par vendre des livres en ligne, Jeff Bezos avait déjà une vision claire pour son entreprise. Son objectif était de Amazone à devenir le *Tout Magasin* – un plate-forme sur lequelclients et vendeurs serait viens ensemble. Finalement, il recherché clients à être capable à acheter presque rien ils voulu sur Amazone. Mais il a commencé avec ce qu'il pensait être l'article le plus facile à vendre. en ligne : des livres. Alors, il gardé ajout plus et plus produits. Dans court, au début, il a rétréci son approche et dominé un marché plus petit, et puis, il s'est élargi au fil du temps. C'est ainsi que la plupart des entreprises se développent, car il est presque impossible de dominer une industrie entière à partir de zéro.

Vous pouvez appliquer une approche similaire à vos objectifs personnels ou professionnels. Affinez vos options soit en vous concentrant sur des niches, en réduisant le nombre de produits ou services que vous proposez, ou limiter la portée de vos objectifs à faire eux moins accablant. Tel un approche vient avec le avantages suivants :

- Cela vous oblige à clarifier vos objectifs,
- Il permet toi à avoir tangible résultats plus rapide, lequel booste ton confiance et motivation,
- Cela limite le temps, les efforts et les ressources nécessaires pour réaliserprogrès, et
- Cela réduit votre résistance en rendant votre ou vos objectifs moins intimidants.

Par exemple, lorsque j'ai décidé de devenir écrivain à plein temps, j'ai choisi d'aller la voie de l'auto-édition et se concentrer exclusivement sur Amazon. Ma stratégie consistait simplement à publier des livres dans le même créneau de manière cohérente, un mois après mois, année après année. En suivant cette stratégie spécifique, j'ai délibérémenta dit non à diverses activités telles que :

- Coacher les clients,
- Création de formations,
- Réaliser des interviews en
- podcast, Organiser des séminaires, ou

- Vendre des livres sur d'autres plateformes (par exemple, Kobo, Apple, Google)Jouer).

Paradoxalement, je consacre la majeure partie de mon temps et de mes efforts à l'écriture de livres. autorisé moi à gagner traction avec le Amazone algorithme, lequel ouverten haut nouveau opportunités. Avec ce supplémentaire booster de visibilité, JE:

- Reçu des offres d'éditeurs et vendu les droits étrangers de plusieurs de mes livres dans des pays comme la Russie, le Brésil, l'Inde,Japon, Portugal, Serbie, et le Vietnam,
- Reçu des invitations à prendre la parole sur de nombreux podcasts, et
- Reçu des e-mails de lecteurs me demandant si j'offrais du coachingservices.

Dans un sens, en écrivant livres constamment dans un spécifique niche devenu mon UN chose. Il fait presque tout autre Plus facile ou inutile.

Un de mon amis essayé à atterrir un édition accord pour années. Être sans succès, il a plutôt emprunté la voie de l'auto-édition. Quelques des années plus tard, alors qu'il devenait un auteur à succès, il put vendre le droits étrangers de ses livres dans plus d'une douzaine de pays. Et cette fois, il n'a pas je dois même contactez d'abord les éditeurs : ils ont contacté lui!

Le fait est que certaines stratégies, lorsqu'elles sont exécutées avec succès, peuvent grandement accélérez votre réussite.

Et toi? Comment pourriez-vous restreindre vos options ? Et quel single une action pourrait réduire considérablement vos options et vous permettre de faire des progrès incroyables vers votre objectif ?

* * *

Étape d'action

À l'aide de votre guide d'action, identifiez les bons dominos sur lesquels vous devez basculer maximiser vos chances d'atteindre votre objectif. Posez-vous les questions suivantes questions :

- Quelle action répétée me permettrait de construire le plus élan?
- Quel(s) nouveau(s) paradigme(s) pourrais-je adopter ?
- Quelle stratégie spécifique aurait le plus grand impact possible et me permettre de faire le plus grand progrès ?
- Quelle chose réduirait mon champ d'options et rendrait presque tout le reste est plus facile ou inutile ?

JOUR 3—PLANIFICATION TON 90JOURS

La meilleure chose à propos de l'avenir, c'est qu'il arrive un jour à la fois.

— ABRAHAM LINCOLN, ANCIEN PRÉSIDENT DE LE
UNI ÉTATS.

Maintenant que vous avez sélectionné l'objectif spécifique sur lequel vous concentrer cette année, vous pouvez commencer à procéder à une rétro-ingénierie du processus qui vous permettra d'atteindre il.

Souvent, les gens se fixent des objectifs au début de l'année dans le cadre de leur nouvelle stratégie. Les résolutions de l'année, mais nous savons tous ce qui se passera ensuite, n'est-ce pas ? Ils donnent au mieux après seulement quelques semaines. Au lieu de fixer des objectifs annuels, Je vous recommande de concentrer l'essentiel de votre attention sur les 90 prochains jours.

Pourquoi 90 jours ?

Parce que 90 jours est le parfait longueur de temps à faire formidable progresser vers vos objectifs. En même temps, ce n'est pas si loin dans le futur que cela rend vos objectifs trop lointains ou trop vagues. A l'inverse, vous pouvez voir presque la ligne d'arrivée.

Nous peut résumer le avantages de paramètre 90 jours objectifs comme suit :

- **Ils faire ton objectifs plus tangible.** Ayant mis en œuvre spécifique jalons, ton objectifs volonté devenir beaucoup plus réel. Toi pouvez les voir plus clairement, ce qui vous motive à prendre le action nécessaire.
- **Ils vous obligent à créer un plan plus détaillé.** Ayant peu de temps pour atteindre vos objectifs, vous devez affiner votre plan et identifier la clé tâches plus précisément.
- **Ils créer un sens de urgence.** Toi ne le faites pas avoir beaucoup temps et devez vous assurer que vous progressez vers ces objectifs à chaque jour. Toi avoir Non temps à mou désactivé.
- **Ils vous encouragent à mesurer davantage vos progrès de manière cohérente.** Toi avoir à vérifier que tu es sur piste à frapper chaque jalon plus souvent.

Par exemple, vous pouvez vous fixer comme objectif de perdre cinq kilos d'excès de poids en les 90 jours suivants au lieu de vingt livres sur toute l'année. Cet objectif semble beaucoup plus tangible et à votre portée. Et à mesure que tu avances casser il vers le bas et créer un spécifique plan, il volonté devenir même plus réaliste.

Écrire un livre est un autre bon exemple. Si tu te donnes 90 jours au lieu d'une année complète pour terminer votre livre, vous ressentirez immédiatement un sentiment d'urgence. Pour y parvenir, vous devrez décomposer l'objectif et créer un processus assez détaillé. Ceci, à son tour, fera en sorte que vos objectifs encore plus tangible. N'ayant pas de temps à perdre, vous avez plus de chances de commencer droite loin.

Désormais, vous n'avez pas nécessairement besoin de vous fixer des objectifs trop ambitieux sur 90 jours. Juste paramètre 90 jours objectifs volonté assurer toi se déplacer vers ton le plus grand ambitions ou rêves, car 90 jours suffisent toujours pour réaliser d'énormes progrès vers chacun de vos efforts.

***

Étape d'action

À l'aide de votre guide d'action, définissez vos 90 objectifs comme ci-dessous :

D'abord, regarder à ton annuel but et identifier le jalons toi doit frapper à atteindre il. Ingénierie inverse le processus. À faire donc, demander toi-même le questions suivantes :

« Qu'aurais-je besoin d'avoir terminé d'ici le troisième trimestre de l'année pour pouvoir assurer J'atteindrai mon objectif d'ici la fin de le quatrième ?

« Qu'en est-il des deuxième et premier trimestres ?

Notez les étapes clés de chaque trimestre avec autant de détails que possible. possible. Ne le faites pas essayer à créer un parfait plan, juste faire ton meilleur. Si nécessaire, toi peut affiner le processus le long de le chemin.

PARTIE II
EFFICACITÉ CONTRE. EFFICACITÉ

Comme nous l'avons déjà mentionné précédemment, il ne sert à rien d'être efficace si vous travaillez sur les mauvaises choses. Vous devez vous entraîner à être efficace à la place, c'est-à-dire toi doit se concentrer ton temps et effort sur le tâches queen fait se déplacer le aiguille. Aujourd'hui, allons voir comment toi peut faire que.

JOUR 4—ÊTRE STRATÉGIQUE PENDANT TON JOUR

> Soyez stratégique en matière de productivité : faites moins exceptionnellement bien, plutôt de faire plus dans une manière moyenne.
>
> — LAURIE BUCHANAN, VIE ENTRAÎNEUR ET AUTEUR.

Maintenant que toi avoir un mieux idée de quoi toi vouloir à accomplir ceannée et dans le 90 prochains jours, toi peut optimiser votre fonctionnement jour.

En règle générale, plus vous êtes efficace aujourd'hui et plus plus près il bouge toi à où toi vouloir à être demain, le plus productif, vous deviendrez. C'est logique, non ?

Aujourd'hui, voyons comment vous pouvez être plus stratégique au cours de votre journée. La clé est de vous rappeler continuellement que vous devez faire les bonnes choses au lieu de bien faire les choses.

Faire les bonnes choses signific travailler sur les tâches clés dont vous savez qu'elles seront vous aider à atteindre vos objectifs à long terme. Ces tâches sont souvent les plus exigeant. Ils peuvent même être un peu effrayants. Ils peuvent nécessiter une charge de mental énergie ou ils peut être désagréable, mais stratégique productivité vous oblige à effectuer ces tâches jusqu'à ce que ou à moins que vous puissiez sous-traiter eux efficacement.

Dans vérité, nous généralement savoir quoi nous besoin à faire - mais nous souvent échouer à fairedonc. Par exemple:

- L'écrivain sait qu'il devrait écrire davantage au lieu depasser trop d'heures à interagir avec les lecteurs sur les réseaux sociaux médias.
- Le vendeur sait qu'il devrait prospecter des clients au lieu de peaufiner leurs présentations PowerPoint pour la énième fois.
- L'aspirant coach sait qu'il devrait coacher davantage de personnes. plutôt de en lisant encore un autre livre sur entraînement (cependant il peut être nécessaire dans une certaine mesure).

Le producteur stratégique fait les bonnes choses tandis que la personne moyenne cherche à bien faire les choses. Par conséquent, vous devez réfléchir sérieusement. Identifiez votre tâches clés et y travailler.

1. UN 7 étapes Méthode à approche ton tâches le correct chemin

Maintenant, pour aborder n'importe quelle tâche efficacement, je vous recommande de suivre les 7- Étape Méthode comme indiqué ci-dessous.

Étape 1. Priorisez votre tâche

Avant toi même commencer faire rien, demander toi-même le suivant questions :

- Si je pourrait complet seulement un chose aujourd'hui, lequel tâche serait avoirle plus grand impact ?
- Cette tâche me rapproche-t-elle de mon objectif principal ?
- Faire je vraiment besoin à faire ce droit maintenant, ou peut je faire il plus tard?

Vous souhaitez vous entraîner à penser en termes de priorités et à garder un œil sur sur la situation dans son ensemble. Perdre la perspective et oublier sa globalité la stratégie est le moyen le plus rapide de perdre du temps sur des tâches sans importance.

Étape 2. Évaluez la validité de votre tâche

Pour vous assurer que la tâche est quelque chose que vous devez réellement entreprendre, demandez posez-vous les questions suivantes :

- Dois-je vraiment effectuer cette tâche ?

- Est-ce que c'est maintenant le meilleur moment ? Que se passera-t-il si je le retarde pendant unsemaine? Un mois ? Pour toujours?
- Est-ce que je travaille sur cette tâche parce que j'en ai besoin ou parce que cela rend je me sens bien ? Est-ce que je travaille sur cette tâche pour éviter ce que jetu devrais vraiment faire ?

Il n'y a rien de plus improductif que de faire quelque chose que l'on n'a pas fait il faut faire en premier lieu. Répondre aux questions ci-dessus peut vous aiderpour éviter de commettre une telle erreur.

Étape 3. Clarifier ce qui doit être fait

Avant de commencer une tâche, assurez-vous de savoir exactement ce qui est requis. À faites-le, demandez-vous :

- Que dois-je faire ici ?
- Qu'est-ce que j'essaie d'accomplir ?
- A quoi ressemble le produit fini ?

Toi besoin à être spécifique. Par connaissance exactement quoi le sortir besoins à être, tu vas être capable à optimiser ton approche et tacle le tâche plus efficacement.

Étape 4. Déterminez si vous devriez être la personne qui le fait

Vous avez des atouts, mais vous avez aussi des faiblesses. Dans la mesure du possible, essayer à déléguer n'importe lequel tâche quelqu'un autre peut faire mieux, plus rapide ou plus à bon marché que toi. À faire donc, demander toi-même le questions suivantes :

- Cette tâche vaut-elle mon temps ?
- Quelqu'un d'autre peut-il le faire mieux que moi ? Si oui, puis-
- je demander de l'aide ?Que se passera-t-il si je supprime ou reporte simplement cette tâche ?
- Est-ce que j'aime travailler sur cette tâche ? Est-ce que ça me motive ?

Petit à petit, il faut prendre l'habitude de tout externaliser vous n'êtes pas doué et vous vous concentrez uniquement sur les tâches de grande valeur pour lesquelles tu excelles. Votre temps est plus précieux que l'argent. Alors, apprenez à utiliser de l'argent pour gagner du temps.

Étape 5. Trouver le moyen le plus efficace d'accomplir une tâche

Comme l'a dit Abraham Lincoln : « *Donnez-moi six heures pour couper un arbre et je le ferai. dépenser les quatre premiers aiguisant la hache.* »

Je prends juste quelques minutes pour réfléchir à la meilleure façon d'aborder la tâche. peut vous faire gagner beaucoup de temps à long terme. Posez-vous les questions suivantes questions :

- Quels outils puis-je utiliser, aux personnes puis-je demander ou à la méthode sur laquelle je peux m'appuyercomplet ce tâche comme efficacement et efficacement comme possible?
- Quelles compétences pourrais-je acquérir pour m'aider à accomplir cette tâche plus rapidementle futur ?

Pour exemple, allons dire tu as a été demandé à créer un présentation à travail.Plutôt que de le créer de toutes pièces, pourquoi ne pas réutiliser ou modifier les matériaux d'une présentation précédente ? Visez toujours à utiliser les modèles existants, méthodes, ou connaissance. Être intelligent. Le dernier chose toi vouloir à faire estréinventer la roue, non ?

En résumé, avant de vous attaquer à une tâche, prenez quelques minutes pour déterminer les la meilleure façon possible de l'aborder. Cette habitude à elle seule vous fera économiser beaucoup accord de temps et d'efforts sur la route.

Étape 6. Regroupez la tâche avec d'autres tâches similaires

Certaines tâches peuvent être combinées avec d'autres tâches nécessitant le même type de effort ou préparation. Pour exemple, beaucoup YouTubeurs bloc un completjour par semaine ou même un mois entier pour enregistrer des vidéos, par opposition à créer une vidéo chaque jour. Cela réduit le temps de configuration et rend le processus bien plus efficace. Demandez-vous :

- Puis-je regrouper cette tâche avec d'autres tâches similaires pour améliorer monproductivité?

Étape 7. Automatisez votre tâche

Enfin, toi devrait regarder pour façons à automatiser ton tâche, en particulier si c'estun sujet répétitif. Demandez-vous :

- Puis-je créer des modèles à réutiliser chaque fois que je travaille dessus ou tâches similaires ? (Par exemple, vous pouvez concevoir des modèles pour le

e-mails, présentations ou documents spécifiques que vous devez créerà plusieurs reprises.)
- Puis-je créer une liste de contrôle ? (Les listes de contrôle vous fournissent des informations spécifiquesétapes à suivre, ce qui réduit le risque d'oublier une étape ou devenir distrait.)

Pratique ce 7 étapes Méthode sur un régulier base jusqu'à il devient deuxièmenature et tu vas être capable à utiliser ton temps beaucoup plus stratégiquement.

* * *

Étape d'action

- Imprimez la méthode en 7 étapes incluse dans votre guide
- d'action.Aller à travers chaque étape avec à au moins un tâche aujourd'hui.
- Pratiquez la méthode en 7 étapes avec plus de tâches jusqu'à ce que vous ayezl'a intériorisé.

2. Cadre PDG/COO/employé

Un autre outil pour vous aider à être plus stratégique pendant la journée est ce que j'appelle le « Cadre PDG/COO/Employé ». Ce cadre implique de donner assumez différents rôles au cours de la journée pour accroître votre réflexion stratégique et boostez votre productivité.

Pour l'expliquer en termes simples, le PDG planifie la journée, le COO recherche façons à améliorer le système, et le Employé exécute le tâches sans trop y penser. Les avantages de l'utilisation de ce cadre sont les suivants suit :

- **Suppression de friction.** Comme toi calendrier spécifique tâches chaque jour,vous pouvez passer d'une tâche à l'autre plus facilement, tout en réduisant le risque d'être distrait.
- **Diminution du doute de soi.** Cela s'appuie sur le point précédent. Depuis vous avez déjà décidé sur quoi vous allez vous concentrer pendant la journée, vous serez moins susceptible de remettre en question votre approche, de travailler sur des sujets sans rapporttâches ou devenir distrait. Autrement dit, vous donnerez moins de place pour que votre esprit trouve des excuses.

- **Réflexion stratégique améliorée.** En prenant le temps chaque matin de plan ton jour, tu vas devenir mieux à pensée stratégiquement. Comme unrésultat, chaque action que vous entreprenez être plus efficace.
- **Augmentation de l'autoréflexion.** En consacrant quelques minutes à En réfléchissant à votre journée, vous développerez une plus grande conscience de vous-même. Par en apprenant davantage sur vous-même et sur votre façon de travailler, vous serezcapable à optimiser ton travail et booster ton productivité.

Voyons maintenant brièvement comment vous pouvez commencer à utiliser le CEO/COO/Employee Cadre aujourd'hui. Pour utiliser ce cadre, vous devez planifier votre journée chaque matin (PDG) tout en obtenant l'adhésion de l'employé. C'est, vous (en tant qu'employé) devez savoir :

- Les tâches spécifiques sur lesquelles vous travaillerez,
- Pourquoi vous devez y travailler (c.-à-d. comment cela s'adapte-t-il à votrestratégie), et
- Comment vous les aborderez pour une efficacité maximale (voir la méthode en 7 étapes décrite précédemment).

Ayant le adhésion de le Employé volonté faire il Plus facile pour toi à accomplir ton tâches. Si toi doute ton capacité ou motivation à complet un certain tâche, prendre note de il et faire ajustements par changer sa portée, s'accorder plus de temps ou l'éliminer lorsque pertinent.

Enfin, à le fin de le jour, évaluer comment ton jour est allé (ROUCOULER). Déterminez ce qui a bien fonctionné et ce qui pourrait être amélioré. Peut-être que vous mal calculé le temps nécessaire à complet un tâche, ou peut-être toi approché un tâche dans un sous-optimal chemin. Ou peut-être toi procrastiné.

Pour conclure, planifier votre journée augmentera votre productivité en vous assurant vous restez concentré sur vos priorités. Plus vous suivez les 7 étapes Méthode et pratique le PDG/COO/Employé Cadre, le plus vous deviendrez stratégique et meilleurs seront les résultats que vous obtiendrez.

Pour en savoir plus sur ce framework, vous pouvez vous référer à mon livre, *Master Ton Temps*.

***

Étape d'action

En utilisant ton action guide, pratique demander toi-même le suivant des questionsau début de chaque journée :

PDG:

- Quelles tâches dois-je accomplir exactement aujourd'hui ?

Employé:

- Est-ce que je sais comment accomplir les tâches ?
- Ai-je les compétences ou les outils pour les
- réaliser ?Est-ce que je sais *pourquoi* Dois-je effectuer ces tâches ?
- Suis-je à bord ? Suis-je déterminé à les faire ?
- Si je ressens une résistance intérieure, que puis-je faire pour la surmonter ?

ROUCOULER:

- Qu'ai-je bien fait aujourd'hui ?
- Qu'aurais-je pu faire de mieux ?
- Qu'est-ce qui pourrait être amélioré et comment exactement ?

Alors, prendre un stylo et un feuille de papier et écrire vers le bas le trois principaltâches que vous aimeriez accomplir aujourd'hui et commencer à travailler.

PARTIE III

PENSÉE INTELLIGENT

Partie III. Penser intelligemment

À faire stratégique productivité partie de ton vie, toi doit pratiquebien réfléchir. Dans cette partie, nous verrons comment vous pouvez y parvenir.

Personnes OMS demander eux-mêmes le droite questions, construire un plus efficacemodèle de réalité et obtenir de meilleurs résultats. Cela fonctionne comme suit :

Intelligent des questions -> efficace pensée -> intelligent actes ->des résultats tangibles.

JOUR 5—DEMANDER TOI-MÊME INTELLIGENT QUESTIONS

Réussi personnes demander mieux questions, et comme un résultat, ils obtiendre meilleures réponses.

— TON ROBINS, VIE ENTRAÎNEUR ET MOTIVATION CONFÉRENCIER.

Aujourd'hui, nous verrons comment vous pouvez vous poser des questions plus intelligentes et pourquoi importe. Que vous en soyez conscient ou non, vous vous posez des questions chaque jour. Ces des questions peut être responsabilisation ou déresponsabilisant. Malheureusement, notre discours intérieur a tendance à être plutôt négatif et les questions nous nous demandons souvent de travailler contre nous.

Voici quelques exemples de questions que vous pourriez vous poser :

- Pourquoi est-ce que de mauvaises choses
- m'arrivent toujours ?Pourquoi suis-je si stupide ?
- Pourquoi n'a pas je parler pendant le réunion?

Il est évident que ce genre de questions négatives ne produira probablement aucun résultat. perspicace réponses. Plutôt, toi besoin à pratique demander toi-même des questions responsabilisantes. Certaines des meilleures questions à vous poser commencent avec:

- Comment,
- Et si, et
- OMS.

Allons revoir quelques exemples.

Questions « Comment »

Plutôt que demander pourquoi quelque chose est événement à toi, ne le ferais-je pas il êtreplus efficace de vous demander ce que vous peut-on y faire ?

Les questions « Comment » vous aident à être plus axé sur les résultats en vous concentrant sur des moyens de résoudre vos problèmes plutôt que de s'y attarder ou de blâmer d'autres personnes ou situations. Voici quelques exemples :

- Comment puis-je éviter que cette situation ne se reproduise à
- l'avenir ?Comment puis-je devenir meilleur/plus intelligent ou
- améliorer mes performances ? Comment puis-je prendre la parole lors des réunions ?

Tel des questions aide toi remue-méninges nouveau idées et développer solutions.Voici quelques autres exemples :

- Comment puis-je atteindre cet objectif plus rapidement ?
- Comment puis-je accomplir deux fois plus tout en réduisant ma charge de travailde moitié?
- Comment puis-je doubler mes ventes dans les six prochains mois ?

Note que le plus spécifique ton des questions sont, le plus détaillé solutions que vous pourrez créer. Plus vos questions sont larges, plus plus créatif idées toi pourrait produire. Donc, faire bien sûr toi alternez entre ces deux types de questions pour tirer le meilleur parti des deux mondes. Par exemple:

- Comment puis-je atteindre mon objectif le plus rapidement possible ? (largequestion).
- Comment puis-je atteindre cet objectif en trente jours en ne dépensant quedix heures par semaine à travailler dessus ? (question précise).

Questions « Et si »

Ton imagination est un de ton la plupart puissant actifs. "Quoi si" les questions vous permettent d'y puiser. Ils vous permettent de diffuser votre désirs au monde et définir des intentions spécifiques. Voici quelques exemples :

- Et si je pouvais concevoir ma vie
- idéale ? Et si je pouvais décrocher le job de mes rêves ?
- Et si je pouvais surmonter mes plus grandes peurs ?

Encore, par fabrication ton des questions plus spécifique, tu vas faire il Plus facile à trouver des solutions pratiques :

- Et si je pouvais concevoir ma vie idéale dans les trois prochaines
- années ? Et si je pouvais décrocher l'emploi de mes rêves dans
- les six prochains mois ? Et si je pouvais facilement surmonter mes plus grandes peurs au cours du prochain 90 jours ?

Questions « Qui »

Les questions « Qui » vous permettent d'exploiter l'intelligence collective autour toi. Là sont des millions de personnes plus intelligent que toi et OMS savoir comment pour atteindre vos objectifs. Pourquoi ne pas leur demander de l'aide ? Questions à poser inclure:

- Qui a les réponses aux questions les plus importantes que je pose moi-même?
- Qui a déjà atteint les objectifs vers lesquels je m'efforce
- ? Qui incarne les qualités que je souhaite cultiver ?
- De qui ai-je envie de m'entourer ? Avec
- qui est-ce que je veux passer moins de temps ?

N'oubliez pas que votre capacité à exploiter l'intelligence collective peut permettre vous permettre d'accomplir bien plus que vous ne le feriez vous-même. Personne n'est jamais soi-même fait. Nous tous compter sur sur précédent technologies et des millions de autre le travail des gens pour atteindre nos objectifs. Prendre l'habitude de demander de l'aide et but à entourer toi-même avec responsabilisation personnes si dans réel la vie ou à travers des livres, des cours, des vidéos ou des séminaires. Quand je m'efforce de atteindre quelque chose nouveau, je toujours demander moi-même le suivant questions :

◆ Qui peut répondre à mes questions ?

- Qui a déjà atteint cet objectif ?
- OMS peut partager le le plus efficace ressources et/ou outils avec moi?

Si vous prenez l'habitude de vous poser ces questions, vous économiserez toi-même charges de temps et effort, et volonté devenir beaucoup plus productif.

* * *

Étape d'action

Revenez à votre objectif annuel et posez-vous des questions intelligentes telles que :

- Comment puis-je atteindre cet objectif plus rapidement ?
- Et si je pouvais atteindre cet objectif plus rapidement et plus facilement que je ne l'avais fait ?imaginé ?
- Qui a déjà atteint cet objectif ou qui connaît quelqu'un quia fait?

Ensuite, si nécessaire, entraînez-vous à vous poser des questions intelligentes pour améliorez votre processus de réflexion, donnez-vous la permission de rêver plus grand et obtenir de meilleurs résultats.

Garder le grand image dans esprit

L'une des principales raisons pour lesquelles les gens ne parviennent pas à atteindre leur potentiel est qu'ils perdre de vue la situation dans son ensemble. Même s'ils ont un objectif précis ou vision, ils deviennent distraits, ce qui ralentit leur progression.

Comme nous le verrons demain, ils deviennent victimes du *syndrome des objets brillants* . sauter d'un activité, projet, ou objectif de le suivant.

Un autre commun problème est que nous chercher à garder le parfait équilibre entre chaque domaine de notre vie (carrière, finance, santé, croissance personnelle, relations, etc.). Le problème avec cette approche est que nous ne avoir assez temps ou énergie à se concentrer sur tous domaines de notre vies simultanément. C'est pourquoi il est généralement plus efficace de choisir un seul domaine. et mettre la plupart de notre temps et effort dans il pour plusieurs mois. Une fois nous avons fait des progrès satisfaisants, nous pouvons passer au domaine suivant.

Pensez à une époque où vous avez essayé d'apporter de nombreux changements dans votre vie. Chances sont que toi échoué. Il pourrait avoir travaillé pour un peu semaines, mais dès que quelque chose d'inattendu arrivait, tu commençais à te relâcher et revenu à vos routines précédentes. La même chose se produit lorsque vous entreprendre trop de changements dans trop de domaines de votre vie. L'initiale excitation peut-être intense, mais ne dure généralement pas.

En tant que *producteur stratégique* , vous devez vous concentrer sur le domaine clé qui débloquera tout le reste. Souvent, c'est votre santé. Lorsque vous êtes en meilleure santé, vous vous sentez mieux et avoir plus d'énergie pour atteindre vos objectifs. Vous avez également plus émotionnel espace à défi toi-même et se déplacer au-delà ton zone de confort.

Mais si vous êtes déjà en bonne santé, c'est peut-être à cause de vos finances. Ou peut-être toi détestez votre travail actuel, et cela affecte négativement d'autres domaines de votre vie. Si tel est le cas, vous devrez peut-être vous concentrer là-dessus.

Notez que se concentrer sur un domaine ne signifie pas négliger tous les autres. Il simplement moyens dépenses un disproportionné montant de temps et effort surcela pour le bien commun à long terme.

Donc, si vous deviez améliorer un domaine de votre vie, lequel le plus grand impact global sur votre vie ? Est-ce votre santé ? Votre carrière ? Ton finances?

* * *

Étape d'action =

À l'aide de votre guide d'action, devenez un producteur stratégique en :

- Identifier le domaine d'intérêt qui aurait le plus grandimpact positif dans votre vie,
- En écrivant vers le bas le un but toi pourrait se concentrer sur dans ce zone,en s'assurant qu'il est spécifique et mesurable,
- En écrivant vers le bas un simple action plan à assurer toi faire progrèsvers cet objectif,
- Concentrez-vous sur ce domaine jusqu'à ce que vous obteniez des résultats satisfaisants (généralementpendant plusieurs mois, voire un an ou plus), et
- Passons à la zone suivante.

PARTIE IV

APPRENTISSAGE EFFICACEMENT

JOUR 6—APPLICATION QUOI TOIAPPRENDRE AVEC UN MAXIMUM EFFICACITÉ

> Dans le fin nous retenir depuis notre études seulement que lequel nouspratiquement appliquer.
>
> — JOHANN LOUPGANG VON GOETHE, POÈTE ET DRAMATURGE.

La productivité stratégique ne consiste pas à absorber toujours plus d'informations, il s'agit de mettre en pratique ce que vous avez appris. Dans cette section, nous allons pour voir comment éviter les pièges d'apprentissage les plus courants.

1. Trouver la bonne information et l'appliquer de la bonne manière

Je crois qu'il y a deux choses que vous devez faire pour atteindre presque tous vos objectifs. désir. Ils sont:

1. Être capable de trouver la bonne information, et
2. Être capable de mettre en œuvre l'information pour obtenir des résultats concretsrésultats.

Si vous recherchez continuellement plus d'informations sans en prendre suffisamment action, vous finirez par vous sentir dépassé et incapable de progresser vers vos objectifs. D'un autre côté, si vous prenez des mesures qui ne sont pas fondées sur le droit information ou un son stratégie, tu vas fin en haut bousculade sans avoir beaucoup de résultats à montrer par vous-même. C'est pourquoi vous devez bien équilibrer ces deux composantes.

2. Cinq erreurs d'apprentissage que font la plupart des gens

Beaucoup de gens ne savent pas comment apprendre efficacement et de manière continue. monde en évolution, votre capacité à apprendre et à vous adapter à de nouveaux environnements ou situations est essentielle à votre réussite. Passons en revue les cinq erreurs que que font les gens lorsqu'ils essaient d'acquérir une nouvelle compétence ou lorsqu'ils tentent d'atteindre un objectif objectif ambitieux. Ce sont :

A. Surapprentissage,

B. Paralysie de l'analyse,

C. Illusion de compétence,

D. Syndrome des objets brillants, et

E. Mauvaises compétences en planification.

A. Surapprentissage

Être capable de rassembler la bonne quantité d'informations est une compétence qui tout le monde doit apprendre. Connaître le type d'informations à rechercher et pendant combien de temps il vous sera plus facile d'agir. Cela vous permettra de avancez plus facilement vers vos objectifs et atteignez-les plus rapidement. Sur le d'un autre côté, rassembler trop d'informations non pertinentes - ou d'informations c'est trop détaillé pour ce que vous essayez de faire - est inefficace et sera conduisent souvent à une paralysie de l'analyse.

Pour éviter de trop en apprendre, la première chose à faire est de définir le périmètre de vos recherches. Tout commence par clarifier les compétences que vous possédez en essayant à apprendre et le objectifs tu es en essayant à atteindre. Pour exemple, si tu es titulaire d'un doctorat. étudiant travaillant sur votre thèse, vous devrez faire bien plus recherche que si vous êtes un employé invité à rédiger un bref rapport sur un sujet. C'est pourquoi vous devez toujours garder à l'esprit :

- Quoi tu es recherche pour,
- Où le trouver, et
- À quoi doit ressembler le produit final.

Dans le premier exemple, le doctorat. l'étudiant devra lire de nombreux livres et des documents de recherche tandis que, dans le deuxième exemple, l'employé pourrait il suffit de consulter quelques articles ou rapports.

Cela peut paraître évident, mais nombreux sont ceux qui ne parviennent pas à définir la portée de cette mesure. informations qu'ils ont besoin de recueillir. Ils peuvent également ne pas parvenir à établir une définition claire stratégie pour le trouver. À l'inverse, ils utilisent le terme « étudier » comme un autre moyen une façon de tergiverser.

Et toi? Quel type d'informations devez-vous recueillir pour atteindre vos objectifs actuels ?

* * *

Étape d'action

- Sélectionnez une compétence que vous souhaitez développer ou un objectif que vous souhaitez atteindre.
- Maintenant, écrire vers le bas quoi taper de information toi doit regarder pour etcomment tu comptes le faire pour une efficacité maximale.

B. Paralysie de l'analyse

Vous êtes-vous déjà senti tellement submergé par de nouvelles informations que vous ne l'avez pas faittu sais par où commencer ?

Ce est parfaitement compréhensible. Nous peut seulement prendre dans donc beaucoup information à un temps. Quand toi essayer à mordre désactivé plus information quevous pouvez mâcher, le résultat peut être un sentiment d'accablement souvent accompagné par une perte de confiance et de motivation. La surcharge d'informations conduit à paralysie de l'analyse pour les raisons suivantes :

a. Toi rencontre contradictoire information,

b. Toi commencer saisir le complexité de le des sujets, et

c. Toi perdre vue de le grand image.

Or, aucun des points ci-dessus n'est une mauvaise chose en soi. En effet, dans certains Dans certains cas, c'est nécessaire (si vous rédigez une thèse par exemple). Mais si tu es n'y faites pas attention, ils peuvent devenir d'énormes obstacles, vous empêchant d'apprendre efficacement.

Allons expliquer chaque de eux brièvement.

a. Toi rencontre contradictoire information

Trouver la bonne information peut être bien plus compliqué qu'au début semble. Si vous ne me croyez pas, pensez à toutes les théories du complot là et à quelle profondeur ils vont souvent. Bien sûr, certains d'entre eux peuvent être (partiellement) vrais, mais ils ne peuvent pas être tous vrais en même temps. Ou considérez tous les différents régimes amaigrissants disponibles (Paléo, Keto, Atkins, Méditerranéen, Végétalien, et ainsi sur).

En recherchant davantage de données, vous rencontrerez des éléments d'information qui directement contredire chaque autre. Le plus toi viens à travers tel informations, plus il deviendra difficile de prendre une décision – et moins il est probable que vous agissez (paralysie de l'analyse).

Par exemple, imaginez que vous êtes un coach sportif et que vous essayez de vendre ton d'abord en ligne entraînement cours. Regarder pour façons à vendre beaucoup de différent cours, toi écouter à plusieurs commercialisation des gourous. Super nouvelles!Ils semblent tous avoir la pilule magique dont vous avez besoin. Le problème c'est que la pilule est différent à chaque fois. Exemples de commercialisation les outils comprennent :

- Création d'un groupe Facebook (marketeur
- n°1). Création un YouTube canal
- (commerçant #2).Réaliser des interviews
  en podcast (marketeur n°3).
- Obtenir le témoignage d'un influenceur dans votre domaine (marketeur#4).
- Promouvoir votre formation sur les réseaux sociaux (Instagram,Facebook, Gazouillement, ou LinkedIn) (commerçant #5).
- Créer plus de cours (marketeur n°6).En
- cours d'exécution Facebook annonces (commerçant #7).

Ceci est un exemple hypothétique, mais il vous montre avec quelle facilité vous peut être submergé de conseils.

Bien voir plus tard sur comment à accord avec ce problème efficacement.

b. Toi commencer saisir le complexité de le sujets

Vous pouvez toujours approfondir votre apprentissage. De nombreux chercheurs dépensent décennies sur des sujets très spécifiques et ont toujours l'impression d'avoir à peine effleuré la surface. Par exemple, certains entomologistes passent des décennies à étudier fourmis. Autres consacrer leur vies à le étude de primitif cultures. À donner toi un plus béton exemple, je avoir un ami OMS a dépensé années étudier les chrétiens cachés dans les villages japonais pendant la période Edo (1603-1868).

Maintenant, dans la plupart des cas, vous n'avez pas besoin d'en savoir beaucoup sur un sujet. sujet. Lorsque vous effectuez une première recherche sur un sujet, votre objectif est d'acquérir une une bonne compréhension assez rapidement. Mais en creusant plus profondément, vous percevoir plus de nuances et saisir la complexité du sujet. Le grand l'image donnera de la place à des images de plus en plus petites. Bientôt, tu trouveras vous-même incapable d'assembler toutes les pièces du puzzle (c'est-à-dire les nuances information tu as rassemblé) à complet le puzzle (c'est-à-dire le grand image). En d'autres termes, la forêt vous manquera à cause des arbres.

Comme un résultat, tu vas sentir accablé. Le clé est à identifier chaque fois que cela arrive. Ce n'est pas si difficile à repérer. Observez-vous simplement et voyez quand les choses commencent à devenir confuses. Recherchez les signes de frustration, de perte manque de confiance ou de motivation. Cela signifie souvent que tu mords plus que ce que vous pouvez mâcher. Lorsque cela arrive, prenez du recul, zoomez sortir et se recentrer sur la situation dans son ensemble.

Par exemple, imaginez que vous effectuez une recherche pour un article que vous souhaiteriez j'aimerais publier sur votre blog. Vous avez lu quelques livres que vous venez de lire acheté. Comme toi garder en lisant, toi creuser Plus profond dans le sujet. Toi comprendre de plus en plus de nuances et tomber sur des dizaines d'études, innombrable statistiques, et divers des anecdotes. Inévitablement, toi commencer à sentir accablé. Plutôt de gagner compréhension à propos le sujet, toi devenir de plus en plus confus, incapable de rassembler les pièces du puzzle ensemble.

Désormais, une meilleure méthode consiste à consommer uniquement les informations pertinentes, en commençant par des articles simples ou de brèves vidéos présentant le sujet. Ensuite, vous pourrez plonger Plus profond si nécessaire, mais faites-le plus tard.

En fin de compte, vous devez absorber moins d'informations et en prendre plus action.

c. Toi perdre vue de le grand image

Quand toi essayer à absorber aussi beaucoup information, toi risque perdant vue de l'image globale. À mesure que vous commencerez à voir plus de détails, vous aurez plus de mal à le faire à éliminer inutile information et retenir seulement quoi toi besoin. Il tout devient flou dans votre esprit et vous finissez par être confus.

C. Illusion de compétence

Un autre problème auquel de nombreuses personnes sont confrontées lorsqu'elles étudient est ce que l'on appelle "l'illusion de la compétence". En termes simples, c'est la conviction que vous êtes apprendre - pendant que dans réalité, tu es pas. Juste parce que toi dépenser heures faire quelque chose ne signifie pas que vous faites réellement des progrès. Tu peux jouez au tennis avec vos amis tous les dimanches depuis des années, mais à moins que vous définir une intention claire d'améliorer votre jeu (par exemple, en embauchant un entraîneur), toi probablement pas.

Chaque fois que vous apprenez quelque chose ou travaillez à l'accomplissement d'un objectif, soyez honnête avec vous-même. Est-ce que vous faites réellement des progrès ? Sont Y a-t-il des moyens de progresser plus rapidement ? En faisant cela, vous réaliserez que vous avez tendance à choisir ce qui est facile (et ce qui vous fait du bien), plutôt que qu'est-ce qui est efficace (et difficile de faire).

Si vous souhaitez apprendre plus vite que presque tout le monde, vous devez faire ce qui est dur.

D. Brillant Objet Syndrome

Passez-vous constamment d'une tâche à l'autre ? Achetez-vous un livre après réserver ou regarder vidéo après vidéo sans voir d'amélioration ? Le cas échéant, toi pourrait être un victime de la *Syndrome des objets brillants* .

Développer *le syndrome des objets brillants* signifie simplement que vous avez des difficultés collage à quelque chose pour long assez à atteindre tangible résultats. Au lieu de cela, vous sautez d'une chose à l'autre comme un enfant qui a reçu (trop) beaucoup) nouveaux jouets Le jour de Noël.

Le syndrome des objets brillants est l'une des principales raisons pour lesquelles les gens ne parviennent pas à atteindre leurs objectifs. leurs objectifs et ne parviennent à atteindre aucun de leurs principaux objectifs de vie. Apprenez à surmontez-le et votre productivité montera en flèche.

E. Mauvaises compétences en planification

Un autre problème toi pourrait affronter est que toi avoir échoué à établir un calendrier et stratégie d'apprentissage spécifiques. Résultat, vous êtes désorganisé, lequel fait ton apprentissage inefficace. Pour exemple, toi peut être apprentissage plus que toi besoin de ou apprentissage dans un sous-optimal chemin.

Pour éviter cette erreur, vous devez vous assurer d'avoir identifié exactement ce que vous essayez d'apprendre ainsi que la meilleure façon de s'y prendre. C'est quoi ça veut dire être un producteur stratégique. Bien discuter comment à faire ce dans le suivant section.

3. Comment apprendre efficacement

Maintenant que nous avons couvert les principaux pièges d'apprentissage, voyons ce que vous pouvez faire pour apprendre efficacement.

Pour optimiser votre apprentissage, vous devez réduire votre contribution et augmenter votre sortir. Vous devez absorber moins d'informations tout en prenant plus d'actions sur quoi tu es apprentissage. Si toi peut faire ce, ton capacité à apprendre volonté s'améliorer considérablement. Pour arrêter le surapprentissage, prenez du recul et définissez précisément:

1. **Ce que vous essayez d'apprendre**, qui vous aidera à identifier le le type d'informations que vous devez collecter et la profondeur dont vous avez besoincreuser.
2. **Pourquoi vous devez l'apprendre**, ce qui vous aidera à garantir ce que vous êtesapprentissage est dans aligner avec votre global stratégie.
3. **Quoi le final résultat volonté regarder comme.** Obtenir un clair image de le final sortir volonté aide toi affiner ton approche. Vous allez être capabledemander aux bonnes personnes, lire les bons livres et étudier davantage intelligemment.
4. **La meilleure façon de l'apprendre.** Une fois que vous avez identifié le meilleur approche, tu vas être capable concevoir un efficace plan de action.

Pour exemple, allons dire toi vouloir à apprendre un étranger langue.

D'abord, toi besoin à décider quoi exactement tu es en essayant à apprendre. Faire toi voulez-vous pouvoir avoir une conversation dans cette langue ? Voulez-vous lire des classiques dans cette langue ? Ou souhaitez-vous l'utiliser à des fins professionnelles ? Ton apprentissage approche volonté changement en fonction sur ton but.

Par exemple, si vous souhaitez lire des livres dans une langue étrangère, vous pourriez passer plus de temps à étudier la grammaire et à lire plutôt qu'à parler. Cependant, si toi simplement vouloir à prise conversations dans ton choisi langue, vous devrez vous concentrer sur l'expression orale plutôt que sur la lecture.

Deuxième, toi doit aussi savoir ton raison pour apprentissage il. Comment fait il vous aider à atteindre vos objectifs ? Comment cela correspond-il à votre vision ? Quand la plupart de ce que vous apprenez est un tremplin vers la réussited'une vision ou d'un rêve plus grand, votre motivation sera plus élevée et vous serez beaucoup plus susceptible de persévérer jusqu'à ce que vous réussissiez à atteindre vos objectifs.

Vous allez être plus motivé à apprendre un langue si c'est partie de un plus gros but. Par exemple:

- Si vous avez hâte de lire l'œuvre de Soljenitsyne ou de Dostoïevski dansLe russe, vous pourriez vous sentir inspiré pour étudier le russe,
- Si vous êtes passionné par la culture japonaise, vous ressentirez peut-être ledésir d'apprendre le japonais, ou
- Toi pourrait être excité à améliorer ton Anglais si toi amourFilms américains.

Troisièmement, vous devez avoir une idée claire de ce à quoi ressemblera le résultat final. Bref, vous devez répondre à la question :

"Pourquoi est-ce que j'apprends ça?"

Dans le cas des langues étrangères, vous pourriez demander :

« À quoi vais-je les utiliser ? Est-ce pour lire des livres ? Faire des présentations à travail? Montre des films dans leur original versions ? »

Si vous devez effectuer des recherches, que faites-vous exactement ? recherche pour ? Quel résultat réel est attendu de vous ? Est-ce un document de cinq pages rapport? Un rapport de cinquante pages ? Une présentation PowerPoint ? Que devrait-il inclure? Pourquoi fais-tu ça exactement ?

En cas de doute, vérifiez auprès de votre superviseur ou d'un autre personne. Si vous êtes l'initiateur, demandez-vous quel devrait être le produit final ressembler. Sachant cela vous aidera à identifier les meilleures ressources (c.-à-d. les livres que vous devriez acheter, les sites Web que vous devez visiter ou les personnes que vous pourriez demander de l'aide).

Quatrième, une fois toi savoir quoi tu es en essayant à apprendre, pourquoi toi doit apprendreet à quoi devrait ressembler le résultat final, vous pouvez établir un plan détaillé plan d'action. Vous pouvez déterminer la meilleure façon d'acquérir cette compétence et le méthode exacte que vous pouvez utiliser pour atteindre vos objectifs d'apprentissage.

Pour ce faire, asseyez-vous et prenez un moment pour élaborer un apprentissage efficace stratégie. Que vous ayez besoin de trouver la réponse à une question simple ou faire des recherches approfondies sur un sujet complexe, c'est toujours une bonne idée prendre le temps de réfléchir au lieu de plonger tête première. Cette pratique simple volonté faire toi un beaucoup mieux penseur et aide toi devenir un super producteur stratégique dans le temps.

4. Précisez davantage vos objectifs d'apprentissage

Avoir un objectif clair et un calendrier précis vous motivera à continuer apprentissage. Par exemple, lorsque j'étudiais le japonais à l'université, je inscrit au test de compétence en langue japonaise. Ce test a lieu seulement une fois par an à Paris. Cela m'a donné un délai clair et m'a aidé définir le périmètre de mon apprentissage.

Bien entendu, vous n'avez pas besoin d'avoir une date limite officielle. Vous pouvez en définir un toi-même. Pour exemple, allons dire tu es apprentissage Espagnol. Toi pourrait décidez que vous aurez une conversation avec un ami espagnol en octobre 31 ce année. À faire il plus efficace, toi peut spécifier le portée dela conversation (c'est-à-dire l'auto-présentation, les expériences de voyage et l'avenir) objectifs).

Le fait est que vous devez fixer des objectifs clairs pour :

- Vous aider à définir le périmètre de votre
- apprentissage,Rendez votre objectif tangible,
- Inspirer l'action,
- Créer un sentiment d'urgence en utilisant les
- délais, et Activer toi à conception un bien défini action plan.

5. Identifier la meilleure stratégie d'apprentissage possible

Maintenant que tu as déterminé ton objectifs, c'est temps à créer le meilleur stratégie possible. Comme toi faire donc, garder palier dans esprit le dans l'ensemble portée de vos objectifs. Combien avez-vous vraiment besoin d'apprendre ? Avez-vous besoin de lire des dizaines de livres ou simplement une série d'articles ? Avez-vous besoin de regarder plusieurs vidéos ou suffirait-il de suivre un cours spécifique ?

À identifier le meilleur stratégie, je encourager toi à aller à travers le suivantmesures:

A. Trouver un ami ou connaissance OMS a déjà savant quoi tu esen essayant à apprendre ou qui est déjà atteint le but tu es s'efforcer vers.

B. Demander toi-même à identifier le la plupart efficace chemin à atteindre ton apprentissagebut.

C. Créer un action plan que maximise ton chances de frappe ton cible.

Allons discuter chaque indiquer dans plus profondeur.

A. Identifier un ami ou connaissance OMS a déjà atteint un objectif similaire.

Il est probable que, quoi que vous essayiez d'apprendre ou de réaliser, quelqu'un d'autres l'ont probablement déjà appris ou atteint auparavant. Par conséquent, votre Le premier objectif est de retrouver cette personne et de lui demander sa « sauce secrète ». De bien sûr, cela ne signifie pas que vous devez faire la même chose ou même que leur La méthode fonctionnera pour vous, mais c'est un bon point de départ. je t'encourage poser les questions suivantes :

- Quelle a été votre stratégie d'apprentissage ?
- Quoi était le célibataire la plupart activité efficace pour toi ?
- Avec quoi avez-vous le plus lutté et comment avez-vous surmontéil?
- Si vous aviez besoin de réapprendre cette compétence, que feriez-vousdifféremment?
- Si vous étiez à ma place, comment feriez-vous pour
- l'apprendre ?Y a-t-il autre chose que je devrais savoir ?

Une fois que vous avez « interviewé » votre ami ou votre connaissance, vous devriez avoir une meilleure idée de la meilleure façon d'aborder votre objectif d'apprentissage.

B. Demander toi-même à identifier le la plupart efficace chemin à atteindre tonobjectif d'apprentissage.

Maintenant que vous avez commencé à élaborer votre stratégie d'apprentissage, passons à une étape plus loin. Pour ce faire, passez dix à quinze minutes à réfléchir à des idées pour stratégies que vous pourriez utiliser pour atteindre votre objectif. Voici quelques questions à demandez-vous :

- Comment peut j'apprends aussi vite et efficacement comme possible?
- Que dois-je éviter de faire ? (Une bonne stratégie nécessite que vous rejetez la plupart des choses que vous pourriez faire et concentrez-vous sur unquelques tâches à fort impact à la place.)
- À quoi ressemble le « surapprentissage » et comment puis-je l'éviter ? Quoiles pièges d'apprentissage dans lesquels j'ai tendance à tomber ?

Assurez-vous de trouver autant de réponses que possible.

C. Créez un plan d'action qui maximise vos chances d'atteindre votrecible.

Maintenant que toi avoir tous le information toi besoin à construire un son stratégie, créons un plan concret. Pour définir votre plan d'action, demandez posez-vous les questions suivantes :

- Quelles activités quotidiennes clés sont les plus susceptibles de garantir que je vaisatteindre mon objectif ?
- Combien de temps dois-je investir pour m'aider à atteindre cet
- objectif ?Quelles sont les principales étapes du parcours ?

Étape d'action

- Changez votre rapport entre l'apprentissage et l'action en vous efforçant d'en faire pluset on apprend moins.
- Sélectionner un apprentissage but et créer un simple action plan. À fairealors, assurez-vous de :
- Définir exactement quoi tu es en essayant à apprendre et c'est
- portée, Identifiez la meilleure façon d'apprendre en effectuant des recherches et en posant des questionsamis, et
- Créez un calendrier simple pour faire des progrès constants.

6. Apprendre les bonnes compétences

Quoi compétences faire toi besoin à apprendre à atteindre ton à long terme objectifs? Direction compétences? En écrivant compétences? Publique Parlant compétences? Exceller compétences en matière de tableur ? Et quelle est la priorité de leur étude ?

Pour être vraiment productif, vous devez acquérir les bonnes compétences. Dans cette section, nous discuterons de ce que j'entends par les bonnes compétences et de la manière d'identifier ce que c'est pour vous.

Identifiez les compétences clés que vous devez acquérir

Il existe un nombre presque infini de compétences que vous pourriez acquérir, mais votre temps est limité, vous devez donc bien choisir.

Or, l'apprentissage des compétences est important, car l'acquisition de nouvelles compétences vous permet d'augmenter votre productivité. Lorsque vous pratiquez une compétence spécifique sur et sur, toi fin en haut faire un mieux emploi que le non formé personne. C'est en fait ce qu'est la « division du travail » étudiée par les économistes. à propos de. Toi peut choisir à faire tout toi-même - la chasse, fabrication vêtements, construction de votre maison, et cetera - ou vous pouvez vous concentrer sur un ou quelques les choses pour lesquelles vous êtes doué tout en laissant les autres vous fournir tout sinon tu as besoin.

Mais quelles compétences clés devriez-vous acquérir et pourquoi ? La réponse dépend ce que vous essayez d'accomplir. Mais ça n'aide pas, n'est-ce pas ? Alors, allons révisez quelques éléments avant de commencer à acquérir des compétences. Ci-dessous se trouvent les éléments clés à prendre en compte.

A. Comment fait cette compétence aide-moi atteindre mon long terme objectifs?

Pour être vraiment stratégique avec votre temps et votre énergie, vous devez les utiliser pour développez les compétences nécessaires pour atteindre vos objectifs.

Par exemple, si vous voulez devenir écrivain mais que vous ne passez pas de temps à écrire, vous n'atteindrez jamais votre objectif. De même, si vous souhaitez devenir enseignant mais avez de faibles compétences en communication, vous aurez du mal à enseigner, peu importe à quel point vous êtes bien informé.

Pensez maintenant à un objectif majeur que vous souhaitez atteindre. Alors, demandez-vous, «Quelles compétences spécifiques dois-je développer pour maximiser mes chances de atteindre cet objectif ? Avez-vous besoin d'améliorer vos compétences commerciales ? En écrivant compétences? Compétences en leadership ? Compétences organisationnelles ?

En résumé, en matière de productivité stratégique, vous devez vous assurer que vous identifiez les compétences de base que vous devez développer pour atteindre vos objectifs. Alors, toi doit mettre en œuvre cohérent habitudes et pratique entraînement des systèmes pour vous permettre d'acquérir ces compétences.

B. Quelles compétences auront le plus grand effet de levier ?

Toutes les compétences n'ont pas le même poids. Certaines compétences sont plus importantes que d'autres. Les plus précieuses sont ce que j'appellerais les « méta-compétences ». Les méta-compétences peuvent s'étendre à plusieurs domaines de votre vie et/ou rendre le acquisition d'autres compétences plus facilement.

Par exemple, votre capacité à apprendre rapidement et efficacement est une méta-compétence. Une fois toi savoir comment à acquérir nouveau compétences ou connaissance, il volonté avoir un impact positif sur tout ce que vous apprenez, pour aller

de l'avant. Les méta-compétences sont vraiment

puissantes.

Identifiant comme toi à pense de méta-compétences toi pourrait développer. Quelques exemples sont:

- **Apprentissage comment à étude efficacement.** Acquérir connaissance plus rapide que quiconque vous donne un énorme avantage concurrentiel dans
chaque domaine de votre vie.
- **Communiquer clairement.** Pouvoir partager vos réflexions et les idées renforceront clairement votre influence, que ce soit au travail ou dans votre vie personnelle.
- **Écoute attentivement.** Être pleinement présent et écoute soigneusement aux gens vous permettra d'améliorer la qualité de votre personnel *et* vos relations professionnelles.

Et toi? Si vous deviez acquérir ou développer de nouvelles compétences, lequel ceux serait avoir le le plus grand impact sur ton à long terme productivité?

N'oubliez pas que le développement de quelques compétences seulement peut améliorer considérablement votre productivité et votre vie.

C. Quelles compétences constituent des goulots d'étranglement ? Quelles compétences exploitent votre des points forts ?

Chaque fois que vous cherchez à acquérir une nouvelle compétence, vous faites des compromis. Dans d'autres En d'autres termes, lorsque vous choisissez d'acquérir une compétence, vous choisissez également (indirectement) de ne pas d'acquérir d'autres compétences en même temps.

C'est pourquoi vous devez être stratégique. Devez-vous améliorer ce que vous faites médiocrement? Ou devriez-vous consacrer tous vos efforts à améliorer ce que vous êtes déjà bon ? La réponse variera en fonction de vos objectifs. Dans général, je croire c'est plus efficace à se concentrer sur ton points forts. Cependant, dans certaines situations, il serait peut-être préférable de travailler sur votre faiblesses. Voici comment y penser :

Quand à se concentrer sur ton points forts

Garder se concentrer sur ton points forts chaque fois que tu es déjà vision des résultats positifs. Si vous n'êtes pas sûr de vos points forts, examinez les domaines dans lequel vous obtenez des résultats ou des commentaires positifs.

Par exemple, lorsque j'ai sorti mon premier livre sur Amazon, j'ai reçu beaucoup de retours positifs. En conséquence, j'ai décidé de consacrer une grande partie de mon temps pour écrire plus de livres. Cependant, si les commentaires avaient été extrêmement négatif, j'aurais probablement abandonné et me serais concentré sur quelque chose dans lequel j'étais meilleur.

D'un autre côté, je ne suis pas doué devant la caméra. D'autres personnes obtiendraient de bien meilleurs résultats avec beaucoup moins d'effort. En conséquence, j'ai choisi de ne pas dépenser trop beaucoup de temps pour améliorer mes compétences orales (pour l'instant).

Quand se concentrer sur ses faiblesses

Se concentrer sur ton faiblesses quand ils devenir obstacles debout entre vous et le succès. Par exemple, si je décide aujourd'hui que je veux apparaître sur des dizaines de podcasts pour augmenter ma visibilité et vendre plus livres (ce qui, je pense, est une stratégie plutôt décente), je dépenserai plus passer du temps à améliorer mes compétences en communication.

Ou imaginez quelqu'un dont le frère est mort d'une overdose de drogue et qui s'est donné pour mission d'aider les enfants à rester à l'écart de la drogue. S'ils choisissaient de transmettre leur message aux écoles à travers le pays, cela aurait du sens pour qu'ils puissent surmonter leur timidité et/ou leurs faibles capacités de communication.

Et toi? Y a-t-il des goulots d'étranglement entre vous et succès? Si oui, devez-vous y répondre ?

Vous voudrez peut-être également vous concentrer sur vos faiblesses lorsqu'elles sont négatives. impacter votre estime de soi. Par exemple:

- Si vous avez besoin de faire des présentations au travail et que vous vous sentez mal à chaque foisfois que vous vous tenez devant un public, travaillant sur votre des compétences en présentation pourraient être une bonne idée.
- Si vous avez honte de ne pas savoir utiliser Excel correctement, amélioration ton tableur compétences pourrait être un intelligentse déplacer.

L'essentiel est le suivant. Travaillez sur vos faiblesses lorsqu'elles sont clairement un obstacle ou lorsqu'ils affectent votre estime de soi. Sinon, envisagez de les ignorer ou demandez à quelqu'un de vous aider en déléguant ou en externaliser ces tâches lorsque cela est possible.

D. Sur combien de compétences devez-vous vous concentrer ?

Votre temps est limité, tout comme le nombre de compétences que vous pouvez acquérir. je je ne vous recommanderais pas de vous concentrer sur l'apprentissage de plus de deux à trois nouveaux compétences en même temps. Voici quelques exemples de compétences précieuses :

- Entraînement,
- Prise de décision,
- Direction, Pensée
- logique,
- Commercialisatio
- n, Persuasion,
- Art oratoire,
- Ventes,
- En écrivant, et donc sur.

Encore, peu importe compétences toi choisir à cultiver, faire bien sûr ils sont aligné avec ton objectifs. Par combinant deux ou trois compétences et atteindreun haut niveau de maîtrise dans chacun, vous pouvez acquérir un avantage concurrentiel sur la plupart des gens et tracez votre propre chemin.

Pour exemple, là sont beaucoup super indépendant écrivains et là sont Il existe de nombreux grands spécialistes du marketing, mais très peu d'écrivains sont également de bons spécialistes du marketing. Ce sont généralement ceux qui finissent par avoir le plus de succès (c.-à-d. vendant le plus de livres).

Devenez excellent dans les deux ou trois compétences les plus importantes nécessaires pour atteignez vos objectifs et vous serez sur la bonne voie pour les atteindre.

* * *

Étape d'action

- Énumérez toutes les compétences que vous devez acquérir pour atteindre l'un de vos plus grandsobjectifs à long terme.
- Sélectionnez les deux ou trois compétences qui auront le plus de points positifsimpact et maximisera vos chances d'atteindre
- cet objectif. Ensuite, classez-les par ordre d'importance.

Conseil supplémentaire :

Lorsque vous recherchez des compétences sur lesquelles vous concentrer, assurez-vous qu'elles vous inspirent. Sauf si tu es motivé, c'est peu probable tu vas atteindre un expert niveau dans n'importe lequel compétence.

7. Autres considérations lors de l'apprentissage d'une nouvelle compétence

Chaque fois que toi choisir à développer un nouveau compétence, considérer le niveau de compétence toi besoin à acquérir. Ton temps et énergie sont limité. Donc, là est Non indiquer dans devenir trop bien à un compétence que est seulement partiellement utile ou qui n'est pas nécessaire du tout.

C'est important parce que l'écart entre être bon et être un expert est énorme. Alors que toi peut atteindre quatre-vingts à quatre-vingt-dix pour cent maîtrise d'une compétence relativement rapidement, en acquérant les dix derniers pour cent pourrait ça te prend des années. Il y a une différence entre:

- Être capable d'avoir des conversations en cinq langues et être un interprète pour les Nations Unies,
- Être vraiment bien à football, basket-ball, et base-ball et être unNBA joueur, et
- Être capable à jouer un peu chansons avec le piano, le guitare, ou lebasse et être un violoniste dans le Vienne Philharmonique.

En bref, vous pouvez acquérir plusieurs compétences en même temps, cela vous amènera à atteindre le statut d'expert en une seule chose.

Soyez donc très sélectif quant aux quelques compétences que vous souhaitez maîtriser et évitez de consacrer plus de temps que nécessaire à des choses qui ne feront qu'apporter marginal résultats (sauf si vous aimez le faire, peut-être).

PARTIE V
GÉRANT TON ÉNERGIE

JOUR 7—GESTION TON PUITS D'ÉNERGIE

Vie engendre vie. Énergie crée énergie. Il est par dépenses soi-mêmecelui-là devient riche.

— SARAH BERNHARDT, ACTRICE.

Aujourd'hui, nous allons voir pourquoi apprendre à bien gérer son énergie est critique. Nous découvrirons également comment procéder. Plus vous avez d'énergie, plusvous deviendrez plus productif.

1. Utiliser efficacement les heures de pointe

Nous avons tous des périodes de la journée pendant lesquelles nous avons beaucoup plus d'énergie qu'à d'autres moments. Pendant ces périodes. nous pensons plus clairement, sommes plus inspiré, et faire mieux travail comme un résultat. Malheureusement, beaucoup les gens ne parviennent pas à maximiser cette fenêtre d'opportunité. Au lieu de travailler sur des tâches clés, ils perdent du temps à discuter sur les réseaux sociaux, à consulter leurs emails, ou terminer mineure tâches. Si ils répéter ce comportement jour après jour, ils volonté détruire leur se concentrer et tuer leur productivité.

Ne soyez pas comme eux. Utilisez plutôt vos heures de pointe pour vous concentrer sur votre spécialité tâches. N'oubliez pas que la productivité n'est pas une question de temps : c'est une question de concentration, de clarté, et les niveaux d'énergie. Une heure de travail concentré pendant votre heure de pointe peut être valeur beaucoup heures de travail à autre fois. Comme toi garder s'attaquer clé tâches lorsque vous avez le plus d'énergie disponible, votre productivité sera augmenter dramatiquement.

Alors que étaient tous différent, pour beaucoup de nous, notre culminer heures se produire pendant le matin. Si vous ne savez pas quand vous avez le plus d'énergie pendant la jour, exécuter le expérience simple suivante :

Choisissez une tâche difficile qui demande beaucoup d'énergie. Ensuite, travaillez dessus dansle matin un jour, l'après-midi le lendemain et le soir le le lendemain. Voyez quand vous avez le plus d'énergie et de clarté mentale etnotez quand vous produisez le meilleur résultat.

Le bas doubler est ce. Si toi peut identifier ton culminer heures et faire Assurez-vous de travailler sur des tâches clés pendant ces heures, votre productivité sera monter en flèche.

2. Utiliser efficacement le mode diffusé et le mode focalisé

Vous avez a obtenu à agitation, moudre et travail ton affronter désactivé à atteindre succès et rendre oncle Gary Vee fier de toi, n'est-ce pas ? (Gary Vee/Vaynerchuck est un bien connu entrepreneur OMS messages charges de motivation contenu en ligne). Fonctionnement dur est certainement nécessaire à fois, mais je croire c'est loinplus important de travailler *intelligemment* . Cela implique d'avoir une stratégie claire et savoir dans quoi vous êtes doué et ce que vous devriez déléguer.

En vérité, vous ne pouvez vous concentrer que quelques heures par jour. Pour être productif vous devez alterner entre des périodes de « push » et de « pull ».

Pendant pousser périodes, toi rester concentré sur ton principal travail en essayant àfaites autant que possible.

Cependant, pendant les « périodes de traction », vous lâchez prise et vous détendez. Tu arrête d'essayer alors dur et laissez votre subconscient faire le travail. Vous permettez à votre esprit de viens en haut avec créatif solutions et novateur des idées. À se détendre toi peut:

- Posez une question à votre subconscient et
- lâchez prise,Discutez avec un ami ou un collègue,
- Effectuer des exercices de relaxation ou
- d'étirements,Faire une promenade,
- Saisir un café,
- Méditer,

- Pratiquez des exercices de respiration ou de
- pleine conscience, ouAsseyez-vous et ne faites rien.

Le indiquer est toi doit alterner entre concentré travail périodes et périodes quand toi simplement se détendre et faire rien. Ce donne ton cerveau du temps pour traiter les informations et consolider vos apprentissages ou vous fourniravec des informations précieuses.

Notez également que plus vous faites de travail créatif, plus il est important devient alterner entre diffusion et mode focalisé.

3. Prendre du temps pour réfléchir chaque semaine

Je crois également fermement à l'importance de se ménager du temps pour réfléchir chaque semaine. C'est parce que je suis convaincu que « être occupé » est généralement le résultat d'une pensée paresseuse. C'est le prix que nous payons pour refuser d'en prendre suffisamment temps à pense et plan. Maintenant, en pensant ne veut pas dire :

- S'attardant sur le passé,
- Inquiet pour l'avenir, Se
- considérer comme une
- victime,Se plaindre,
- En essayant à valider ton actuel croyances (politique ou religieux croyances),
- Faire des hypothèses rapides, ou
- Je répète ce que vous avez entendu des soi-disant experts.

Cela signifie plutôt (entre autres) :

- Confirmant que vous avancez dans la bonne
- direction,Réflexion sur quoi toi pourrait avoir fait mieux,
- Optimiser vos processus pour booster votre productivité ou améliorervotre bien-être, ou
- Réfléchissez à des façons innovantes de faire monter en flèche votre réussite dansdivers domaines de votre vie.

Dépenses un heure ou deux chaque semaine faire stratégique pensée pourrait être une des meilleures utilisations de votre énergie. Par exemple, cela pourrait vous aider à trouver de meilleures solutions à vos problèmes et vous font gagner beaucoup de temps. Parfois, il ne vous reste qu'une simple idée pour changer de vie ou grandir votre entreprise de façon exponentielle. Se réserver du temps de réflexion pendant la semaine augmente vos chances de trouver une idée aussi géniale.

4. Segmenter votre journée

Les gens occupés passent d'une tâche à l'autre toute la journée. Ils n'ont pas le temps à respirer et ont tendance à être trop stressés. Pire encore, ils peuvent même effectuer plusieurs tâches à la fois, lequel de nombreuses études se sont révélées inefficaces.

D'un autre côté, les personnes productives sont beaucoup plus *intentionnelles* leur journée. Plutôt que de se bousculer et de s'agiter, ils s'efforcent de réaliser les tâches clés tâches. Ils se concentrent sur les bonnes choses et non sur les bonnes choses.

N'oubliez pas que l'énergie dont vous disposez chaque jour est limitée. En sautant les pauses peuvent sembler une bonne idée, mais ce n'est généralement pas le cas. Devenir un acteur stratégique producteur, vous devez prendre des pauses entre les séances de travail ciblées. Toi doit être délibéré, sachant à tout moment pourquoi vous faites ce que vous faites faire.

Laissez-moi vous donner un exemple.

La personne A travaille toute la journée et ne prend pratiquement aucune pause.

La personne B détermine exactement sur quoi elle se concentrera et avec laquelle elle travaillera concentration intense pendant quarante-cinq minutes avant de faire une pause de quinze minutes. Ensuite, ils répètent le processus.

Maintenant, qui, selon vous, sera le plus productif ? Personne A ou Personne B?

Vous pourriez penser que la personne A sera la plus productive. Cependant, dans le Dans le monde réel, la personne B sera plus délibérée et concentrée et, par conséquent, plus efficace. Prendre des pauses fréquentes permettra à la personne B de se ressourcer leur batterie et de se préparer pour la prochaine séance de travail.

En revanche, la personne A aura tendance à perdre du temps sur des tâches mineures ou devenir distrait. Ne prenant pas de pauses, ils se sentiront plus fatigués, ce qui conduit souvent à une mauvaise prise de décision (c'est-à-dire travailler sur des tâches inefficaces, faire plus d'erreurs, et cetera). La personne A connaîtra également davantage stressé et finira probablement par se sentir dépassé.

Ce est pourquoi je encourager toi à segment ton jour. À faire donc:

- Décidez sur quoi travailler. Fixez-vous des objectifs précis pour la journée et pour chaque séance de travail.

- Prenez des pauses régulières et suffisantes entre chaque séance
- de travail. Restez concentré sur votre travail principal. Chaque fois que tu te remarques être distrait, faire un conscient effort à recentrer sur ton tâche.

Segmentation ton jour volonté aide toi utiliser ton énergie beaucoup plus efficacement et réduira le risque que vous vous sentiez stressé ou dépassé. Essayer il dehors pour toi-même! Vous allez être étourdi par comment efficace il est.

* * *

Étape d'action

En utilisant ton action guide, taux toi-même sur un échelle depuis 1 à 10 (1 êtrefaux et 10 étant vrai) pour les éléments suivants :

- je faire le la plupart de mon culminer temps chaque jour.
- je utiliser "diffus mode" et « concentré mode"
- efficacement.Je prends le temps de réfléchir chaque semaine.
- Je suis intentionnel dans le chemin je courir mon jour, et je segment ilefficacement.

CONCLUSION

Toi peut être occupé, ou toi peut être productif. Le choix est le vôtre.

Dans un monde où nous avoir accéder à plus information que nous peut éventuellement absorber, notre capacité à élaborer une stratégie claire, à trouver le bon informations et prendre des mesures efficaces jusqu'à ce que nous atteignions nos objectifs, est notre superpuissance.

Dans le passé Sept jours, tu as fait significatif progrès vers devenir un stratégique producteur. Maintenant, c'est très probable tu vas devenir distrait tôt ou tard. Vous pourriez courir après le prochain objet brillant, ou vous pourriez vous perdre dans des tâches insignifiantes qui ne vous rapprochent pas de vos objectifs.

Mais ce est d'accord.

C'est partie de le processus.

Lorsque cela se produit, prenez du recul et regardez la forêt, pas les arbres. Affinez votre stratégie globale, recentrez-vous et prenez des mesures quotidiennes cohérentes pour vous amène vers la vision que vous souhaitez créer. Rappelez-vous, les gens qui avoir une vision claire et un plan d'action spécifique permettra presque toujours d'atteindreplus que les gens qui ne le font pas.

Comment pourrait-il en être autrement ?

Par conséquent, créez un plan solide, trouvez la meilleure stratégie et identifiez les plus les actions efficaces que vous pourriez entreprendre pour atteindre vos objectifs.

Alors, en utilisant le contenu depuis ce livre, développer le état d'esprit de le producteur stratégique. Chaque fois que vous êtes confronté à une nouvelle tâche, demandez-vous si c'est vraiment la meilleure utilisation de votre temps. Si vous faites cela régulièrement, au fil du temps, vous deviendrez l'un des meilleurs stratèges que vous connaissez. Plus important encore, vous atteindrez la plupart de vos objectifs, même ceux qui vous semblent difficiles ou peut-être impossible pour le moment.

C'est maintenant à vous d'effectuer le travail et d'atteindre les résultats auxquels vous aspirezà. Je ne peux pas faire le travail à votre place, mais je peux vous souhaiter tout le meilleur dans votre efforts futurs.

Thibaut Meurisse.

APERÇU - DOPAMINE DÉTOX

UN COURT GUIDE À ÉLIMINER DISTRACTIONS ET FORMER VOTRE CERVEAU À FAIRE CHOSES DURES

Dire moi si ce est toi:

Vous savez que si vous pouviez vous attaquer à une seule tâche spécifique, elle aurait un impact massif sur vos niveaux globaux de productivité. Peut-être que ce serait améliorer ton chances de revenus un promotion. Ou peut-être il serait améliorer votre bien-être mental ou physique.

Mais tu ne sembles jamais commencer.

Au lieu de travailler sur votre objectif dès le matin, vous finissez par vérification ton des e-mails, regarder à ton action portefeuille, ou défilement ton

Fil d'actualité Facebook à la place.

Bientôt assez, que une tâche importante paraîtra de moins en moins attrayante. Vous vous dites que vous n'allez prendre qu'un café de plus. Ou vous cliquerez simplement sur un plus YouTube vidéo. Mais le plus toi retard ton tâche, le Plus fort il devient pour commencer. C'est comme si une barrière mentale invisible apparu entre toi et ton tâche, et ce barrière semble impossible à surmonter.

Avez-vous déjà ressenti cela ?

Si tel est le cas, vous bénéficierez grandement de ce livre. Dans ce document, nous présenterons un simple méthode que vous pouvez utiliser pour éviter la surstimulation et faciliter la gestion vos tâches clés.

Alors, prêt à relever le défi ?

Dans **Partie JE. Dopamine et le Rôle il Joue**, Bien expliquer quoi la dopamine existe réellement et comment elle fonctionne. Après avoir lu cette section, vous comprends pourquoi tu ne peux pas arrêter de vérifier ton téléphone, lutte pour rester loin des réseaux sociaux ou du visionnage excessif de vidéos.

Dans **la deuxième partie. Le problème**, nous verrons pourquoi la dopamine peut être un problème ces derniers temps jours. Dans cette partie, vous découvrirez comment vos transmetteurs de dopamine ont été détourné et pourquoi cela peut être un défi majeur.

Dans **la troisième partie. Les bienfaits d'une détox**, nous passerons en revue toutes les raisons pour lesquelles une la désintoxication dopaminergique peut être utile. Nous présenterons un certain nombre de différents types de désintoxication dopaminergique et nous discuterons de plusieurs idées fausses concernant la dopamine.

Dans **Partie IV. UN Trois étapes Méthode pour un Réussi Détox**, Bien expliquer en détail comment vous pouvez mettre en œuvre une désintoxication efficace de la dopamine dans trois étapes simples.

Dans **la partie V. Faire le travail (et surmonter la procrastination)**, nous allons concentrez-vous sur votre retour au travail. Dans ce segment, vous apprendrez à planifiez votre journée efficacement et supprimez les distractions pour vous aider à rester concentré.

Enfin, dans **la sixième partie. En évitant la « rechute de dopamine »**, nous y parviendrons quelques outils et techniques simples pour vous aider à éviter la surstimulation et restez concentré sur vos tâches clés sur le long terme.

Allons obtenir commencé, devoir nous?

DOPAMINE ET LE RÔLE IL JEUX

Vous avez probablement déjà entendu parler de la dopamine et vous en avez au moins une vague idée. idée de ce que c'est. Dans cette section, nous définirons brièvement la dopamine et décrire le rôle qu'il joue.

La dopamine est un neurotransmetteur qui nous fait anticiper des récompenses telles que comme avoir des relations sexuelles ou manger des aliments nourrissants. La dopamine donne nous le désir d'agir pour gagner la récompense passionnante qui nous attend nous. Il est le forcer que fait nous acte. Comme tel, il est un très utile neurotransmetteur qui nous a aidé à survivre et à nous reproduire – et probablement un de la principales raisons pour lesquelles vous et j'existe aujourd'hui.

Contraire à quoi beaucoup personnes croire, dopamine est *pas* un plaisir chimique. Simplement parce que un événement déclencheurs le libérer de dopamine n'a pas signifier il est quelque chose nous comme ou obtenir plaisir depuis. Dans fait, quand si vous y prêtez une attention particulière, vous remarquerez que dès que vous aurez obtenu le récompense attendue, vous vous sentirez souvent vide et insatisfait.

Le vérité est que Non montant de stimulation volonté jamais apporter toi le sens de accomplissement tu es en cherchant. Encore, beaucoup de nous sont en permanence surstimulé, à la recherche de la prochaine source qui pourrait déclencher une libération de dopamine. Il semble comme cependant nous toujours vouloir plus et sont jamais satisfait. Et plus nous recherchons une stimulation, plus la situation empire.

Maintenant, regardez votre propre vie. À quoi es-tu accro ? Que faites-vous avoir très envie de? Quelles sont vos principales sources de stimulation ? Fais vraiment ces choseste rendre heureux ?

Comme toi considérer ces questions, tu vas probablement avis que tu es accro à des activités très stimulantes (comme regarder des jeux vidéo, immerger toi-même dans sociale médias ou en lisant courriels). Quand toi entreprenez ces activités, vous commencez à perdre le contrôle de vous-même – vous en voulez plus et plus de stimulation. Et même s'ils ne vous donnent rien de réel plaisir ou épanouissement durable, vous continuez à les faire. Après tout, tu as besoin le prochaine dose de dopamine, n'est-ce pas ?

Dans un tel état de stimulation, toute tâche nécessitant de la concentration devient beaucoup Plus fort à effectuer. Comme un résultat, toi volonté tergiverser. Vous tardez à écrire ce livre que vous avez toujours prévu. Vous avez retardé le démarrage que nouvelle entreprise, ou tu le feras reporter ça projet clé tu es responsable de.

À somme en haut, depuis un évolutionniste perspective, la dopamine rôle est à vous encourager à agir pour gagner la récompense anticipée nécessaire à votre survie ou reproduction. C'est le rôle principal de la dopamine. Malheureusement, dans le monde d'aujourd'hui, le processus a été détourné, ce qui conduit à de nombreuses conséquences imprévues, comme nous le verrons dans la section suivante.

À continuer en lisant cliquez ici

Ou découvrir le Productivité Série ici

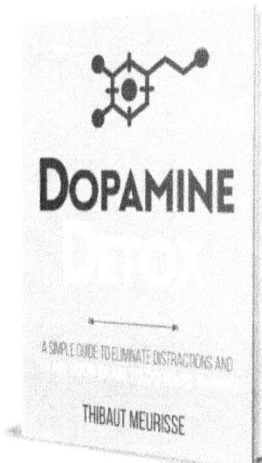

www.ingramcontent.com/pod-product-compliance
Lightning Source LLC
Chambersburg PA
CBHW062115220526
45471CB00010B/3746